Kiran Deuretzbache

Konflikte nutzen statt vermeiden

Wie ihr Streit klar und liebevoll löst und eure Eltern-Kind-Beziehung stärkt

humboldt

INHALT

GELEITWORT

Liebe Eltern und pädagogische Fachkräfte!

Wenn wir uns das Leben als Familie vorstellen, bevor wir ein Kind haben, erscheinen oft ausgesprochen sonnige Bilder vor unserem inneren Auge: Kleine Hände, die sich in die unseren schieben. Momente des gemeinsamen Spielens, Vorlesens, Kuschelns. Doch Kinder ins Leben zu begleiten, besteht nicht nur aus diesen Sonnenschein-Momenten. Es gibt auch Krisenzeiten – je nach Alter und Temperament unseres Kindes möglicherweise auch verflixt viele davon. Kinder, die nicht hören. Kinder, die das Gegenteil von dem tun, was man von ihnen will. Die bocken und motzen, treten und schlagen. Und dann?

Wenn es so knirscht und ächzt im Familiengebälk, suchen viele Eltern die Schuld bei sich selbst. „Was haben wir nur falsch gemacht?“, fragen sie sich bang, und gehen innerlich die Liste ihrer möglichen Verfehlungen durch. Waren wir zu streng? Waren wir zu lasch? Ist unser Kind zu früh in die Kita gekommen, oder zu spät?

Die Wahrscheinlichkeit ist jedoch hoch, dass keiner dieser Gründe ausschlaggebend für das herausfordernde Verhalten ist, das uns da gerade begegnet. Dass unsere Kinder in Widerstand zu uns gehen, sich uns verweigern, mit uns in den Konflikt gehen ist vielmehr eine unglaublich wichtige Entwicklungsaufgabe, die als zentraler Meilenstein ihrer Persönlichkeitsentwicklung in ihnen angelegt ist. Hier bei uns, in ihrem sicheren Hafen können, wollen und müssen sie lernen, wie das geht: Kämpfe austragen, Meinungsverschiedenheiten aushalten, Verletzungen wieder gutmachen. Konflikte als kostbares Lernfeld – das ist eine Perspektive, die dabei helfen kann, die alltäglichen Streit- und Stressmomente in neuem Licht zu betrachten.

Ein altes Thema in ein neues Licht rücken: Das tut dankenswerterweise auch Kiran Deuretzbacher in diesem Buch. Als erfahrene Familienbegleiterin und Mutter von drei Kindern weiß sie, was es heißt, mit Kindern aneinander zu geraten, und wie schwer es Eltern oft fällt, dabei nicht selbst persönlich und verletzend zu werden. Achtsam und mit großem Verständnis für die Kleinen wie die Großen im Familiensystem legt sie deshalb dar, wie Konflikte im Familienleben entstehen, was hinter ihnen steckt und wie Wege aussehen können, sie konstruktiv auszutragen und zu lösen.

Dabei macht sie Mut dazu, tradierte Glaubenssätze zu hinterfragen und ganz neu nachzudenken über Macht und Grenzen in der Familie, über Streit und Versöhnung.

Ich wünsche Ihnen von Herzen große Freude bei der Lektüre und viele hilfreichen Impulse für Ihre ganz persönlichen Herausforderungen. Vor allem aber wünsche ich Ihnen, dass Konflikte in der Familie oder in Ihrer pädagogischen Arbeit für Sie auch mit Hilfe dieses Buches ihren Schrecken verlieren.

Wo Reibung ist, entsteht Wärme – das gilt auch und besonders im Leben mit Kindern.

Ihre

Nora Imlau

VORWORT

Meine erste Klassenfahrt in der 6. Klasse war gleichzeitig der Abschied von einer lieben Klassenkameradin, und ein spannendes Kapitel begann für mich: Miriam, mit der ich sechs Jahre lang in einer Klasse gewesen war, kehrte mit ihrer Familie zurück nach Israel. Ich war zwölf Jahre alt, begann gerade, mich für das Weltgeschehen zu interessieren, und bekam durch ihre Briefe das erste Mal bewusst etwas über den Konflikt im Nahen Osten mit: Krieg in Israel und Palästina.

Einerseits war es für mich nur schwer zu begreifen, dass eine Familie in ein Land mit so einem großen Konflikt zieht. Andererseits war ich sehr berührt von der Perspektive, die uns Miriam mit ihren Briefen schenkte. Sie berichtete nicht von den gewaltvollen Bildern aus den Medien, sondern von vielen Friedensveranstaltungen und Verständigungsprojekten. Es war eine Perspektive voller Hoffnung, Vertrauen und Möglichkeiten.

Knapp 30 Jahre später darf ich meinen ersten Elternratgeber über Konflikte schreiben. Gerade, als ich den Schreibprozess beginne, eskaliert der Konflikt in Israel. Ganz ohnmächtig macht mich diese Nachricht.

Mit Miriam habe ich keinen Kontakt mehr, und doch suche ich auch jetzt gezielt Berichterstattungen von Menschen, die sich gemeinsam für den Frieden einsetzen – und das gibt mir Mut. Mut, während ich diesen Ratgeber schreibe: Ich glaube daran, ja, ich bin davon überzeugt, dass es eine gute Möglichkeit ist, im Kleinen zu starten, wenn wir im Großen etwas verändern wollen.

Die Art und Weise, wie wir unsere Kinder ins Leben begleiten, wird für unsere Zukunft einen Unterschied machen, davon bin ich überzeugt. Deshalb tue ich das, was ich tue, schreibe diesen Ratgeber und begleite und unterstütze Familien. Es ist mir wichtig, dass unsere Kinder einen neuen Umgang mit Konflikten in die Welt tragen. Konflikte können lähmen und erschrecken, die großen wie die kleinen. Ich möchte dich dazu ermutigen und darin bestärken, Konflikte mit deinem Kind neu zu denken, denn die Perspektive zählt!

Mit diesem Buch erhebe ich keinen Anspruch auf die einzige richtige Lösung. Doch ich möchte dir Impulse geben. Wenn dich der eine oder andere Abschnitt im Buch nicht anspricht, überlies ihn gerne erst mal, vielleicht passt er zu anderer Zeit besser und vielleicht auch gar nicht.

Es ist mir ein großes Anliegen, dass du dich beim Lesen dieses Ratgebers nicht angegriffen oder abgewertet fühlst. Ich bin zutiefst davon überzeugt, dass du jede mögliche Wertschätzung verdienst. Gleichzeitig möchte ich deutlich machen, dass du, wenn du Veränderung willst, die Möglichkeit hast, diese Veränderung zu sein. Nicht, weil du die Schuld dafür trägst, wie es in der Vergangenheit gelaufen ist, sondern weil du die Möglichkeit hast, etwas in der Gegenwart und in der Zukunft zu verändern. Ich bin davon überzeugt, dass Veränderung viel einfacher und effektiver ist, wenn wir uns selbst mit Liebe betrachten. Ich habe dieses Buch mit großer Wertschätzung für dich, dein Kind und alle Familien, die ich bisher begleiten durfte, geschrieben. Gleichzeitig kenne ich die enorme Herausforderung, sich selbst wertschätzend zu betrachten. Doch ich kann dir aus Erfahrung sagen, dass sich dieser wertschätzende Blick auf sich selbst lohnt, für dich, dein Kind und den Veränderungsprozess.

In meine Beratungen kommen viele Eltern, die mit aller Anstrengung Konflikte mit ihrem Kind vermeiden. Und zu Beginn meiner Elternschaft erging es mir ähnlich. Doch dieses Verhalten belastet die Eltern-Kind-Beziehung mehr, als dass es sie stärkt. Mit diesem Buch lade ich dich auf ein Abendteuer ein: Lass uns gemeinsam erforschen, wie Konflikte eure Beziehung zueinander stärken.

In diesem Buch begleite ich dich durch 5 Schritte, mit deren Hilfe es dir gelingen kann, einen neuen klaren und liebevollen Umgang mit Konflikten zu leben.

- In Schritt 1 schauen wir, warum es sinnvoll ist, Konflikte anzunehmen und mit ihnen zu wachsen.
- Im 2. Schritt wirst du dich in manchen Situationen wiedererkennen: in der Art, wie du den ein oder anderen Konflikt vermeidest oder wie er vielleicht in deiner Ursprungsfamilie vermieden wurde. Sich liebevoll zu erkennen ist eine wichtige Grundlage für Veränderungen.
- Mit dem 3. Schritt geht es dann tiefer: Du darfst dich ein Stück besser kennenlernen und deinen Weg zur Sicherheit finden.
- In Schritt 4 binden wir einen bunten Blumenstrauß aus vielfältigen Möglichkeiten für einen klaren und liebevollen Umgang mit Konflikten.
- Im 5. Schritt zeige ich dir ganz konkret, wie das mit den Konflikten im Alltag aussehen kann. Hier findest du Alltagsbeispiele für Kinder unterschiedlichen Alters und in verschiedenen Konfliktsituationen; du kannst gerne das für dich Spannendste zuerst lesen.

Seit 20 Jahren darf ich Familien auf ihrem sehr individuellen Weg begleiten. Auf den folgenden Seiten findest du daher viele Beispiele aus meinem Beratungsalltag, denn dieses Buch ist aus der Praxis für die Praxis.

Am Ende jedes Kapitels fasse ich die wichtigsten Inhalte nochmal für dich „Auf einen Blick“ zusammen. So kannst du sie ganz einfach für dich mit in den Alltag nehmen. Oder vielleicht möchtest du nach einer Weile bestimmte Kapitel noch mal vertiefen, um dich zu bestärken; auch dafür ist es sinnvoll, diese Übersichten zu nutzen.

Am sinnvollsten ist es, wenn du die fünf Schritte nacheinander gehst. Du kannst dich aber auch zuerst für das entscheiden, was dich am meisten anspricht, was du jetzt brauchst.

Konflikte dürfen in der Beziehung zu deinem Kind für euch beide Wachstumsmomente voller Vertrauen sein.

Ich freue mich von Herzen, dass ich dich auf diesem Weg ein Stück begleiten darf. Lass uns jetzt ein paar Schritte gemeinsam gehen.

Deine

Kiran Deuretzbacher

Dir werden in diesem Ratgeber einige Symbole häufiger begegnen. Sie geben dir Hinweise, worauf es an den jeweiligen Stellen ankommt:

Achtung! An dieser Stelle musst du aufpassen.

Du bist dran! Hier gibt es eine Übung für dich.

Spannend! Hier gibt es weitere hilfreiche Informationen.

Diese Sätze tun euch gut.

Sei sanft! Schau genau auf dich und/oder dein Kind.

Diese Sätze können verletzen, Konflikte verschärfen oder zu Missverständnissen führen.

1. SCHRITT – VERSTEHEN: SO WICHTIG SIND KONFLIKTE

Wünschst du dir Konflikte mit deinem Kind? Nein? Vielleicht ändert sich das, wenn du diesen ersten Teil des Buches gelesen hast. Denn Konflikte sind ein wichtiger Baustein für echte und warme Beziehungen. Und das ist genau das, was du mit deinem Kind leben möchtest, oder? Ich verstehe, dass man Konflikte dennoch nicht herbeisehnt. Sie können herausfordernd und anstrengend sein und auch ängstlich und hilflos machen. Doch sie lohnen sich! Warum? Das erfährst du, wenn du hier weiterliest.

Konflikte als Kollision zwischen Wunsch und Alltag

Ich war Anfang 20, es ging mir nicht besonders und ich stellte mir einige Fragen über das Leben. Da sagte ich zu einer Freundin: „Weißt du, auch wenn es im Moment schwierig ist, weiß ich, dass alles wieder gut wird. Ich werde den richtigen Partner finden und wir werden Kinder haben und glücklich sein.“ Ich hatte ein ganz bestimmtes Bild im Kopf, ein Bild, das nicht von meinen eigenen Erfahrungen geprägt war, sondern von der Welt da draußen, der Werbung für Cola oder Schokocreme, und von den romantischen Filmen, die immer genau an der Stelle aufhören, wo das Leben spannend wird. Strahlende Gesichter bei Eltern und Kindern, liebevolle Berührungen, verliebte Blicke, vielleicht mal eine Diskussion über den Müll, das war's. Familie, das ist Harmonie, das ist genau das, was man sich immer gewünscht hat. Früher gab es Konflikte, aber jetzt, jetzt ist alles friedlich und harmonisch. Was für ein Quatsch!

Kennst du das auch, hast du auch diese Bilder im Kopf? Bilder von einem friedlichen Familienleben, wo sich alle immer lieb haben und einer Meinung sind? Hast du manchmal das Gefühl, dass du versagt hast, weil es Streit und Konflikte in eurer Familie gibt?

Möchtest du, dass die Beziehung zu deinem Kind von freundlichen Worten, liebevollen Gesten, Singen und Lachen geprägt ist? Wenn es doch einmal zu einem Konflikt kommt, hast du dann das Gefühl, versagt zu haben, nicht gut genug gewesen zu sein und machst dir Sorgen, ob dieser Konflikt jetzt die Beziehung zu deinem Kind gefährdet? Erkennst du dich darin wieder? Vielleicht ein bisschen? Damit bist du nicht allein! **In jeder gesunden Familie gibt es Konflikte.**

Auch wenn ich schon sieben Jahre mit Familien gearbeitet hatte, bevor ich Mutter wurde, dachte ich lange Zeit, dass es gerade als bedürfnisorientierte Mutter meine Aufgabe sei, dafür zu sorgen, dass Harmonie und Zufriedenheit in unserer Familie ein Dauerzustand würden. Ob uns das gelang? Nein! Ob ich frustriert war? Ja! Ob uns dieser Versuch geschadet hat? An manchen Stellen sicher.

Ich möchte mit diesem Buch erreichen, dass sich deshalb keine Mama und kein Papa als Versager fühlen muss, auch du nicht. Konflikte müssen keine Gefahr für das Miteinander sein. Im Gegenteil, Konflikte können ein Wachstumsmotor sein und Teil eures liebevollen Miteinanders.

Ja, in jeder Familie gibt es Konflikte. Aber je mehr wir sie bekämpfen, desto mehr belasten sie uns, desto schlechter fühlen wir uns und desto unzufriedener sind wir. Es ist sogar ein Zeichen von Vertrauen und Geborgenheit, wenn dein Kind mit dir streitet, wenn es nicht deiner Meinung ist und seine eigenen Interessen vertritt.

Vielleicht kennst du das auch, dass du mit deinem Partner häufiger und emotionaler in Konflikt gerätst als mit dem Verkäufer in der Bäckerei oder der Kollegin im Büro. Bei Menschen, die uns sehr vertraut sind, bei denen wir uns sicher fühlen, zeigen wir uns emotional „echter", auch wenn es uns nicht so gut geht. Beim Bäcker reißen wir uns eher zusammen, bei unserer Partnerperson zeigen wir wirklich, was bei uns los ist – so gibt es zu Hause mehr Konfliktpotenzial.

Eine sichere Bindung, eine vertrauensvolle Beziehung zu deinem Kind funktioniert nicht ohne Konflikte. Deshalb lade ich dich an dieser Stelle und als ersten Schritt ein, zu akzeptieren, anzunehmen: Ja, in der Beziehung zu deinem Kind gibt es und wird es immer Konflikte geben. Doch diese Konflikte müssen keine Gefahr sein, weder für dich noch für dein Kind noch für eure Beziehung.

> *„Je größer die Sehnsucht nach Harmonie, desto größer die Enttäuschung beim Konflikt."*

Allein durch diesen Schritt werden mehr Zufriedenheit und Gelassenheit in euer Familienleben einziehen. Denn wie zufrieden du mit der Beziehung zu deinem Kind bist, hängt nicht von der Anzahl eurer Konflikte ab, sondern von der Übereinstimmung zwischen deinen Erwartungen und der gelebten Realität.

Wenn du die Erwartung hast, dass ein guter Tag konfliktfrei ist, und es dann fünf Konflikte gibt, dann bist du unzufrieden. Wenn du stattdessen akzeptierst, dass fünf bis zehn Konflikte am Tag normal sind, und es dann acht Konflikte gab, wirst du im Rückblick auf den Tag zufriedener sein.

Du kannst also an dieser Stelle für mehr Zufriedenheit akzeptieren, dass es diese Konflikte gibt. Deine Aufgabe ist es nicht, all diese Konflikte zu vermeiden, sondern sie achtsam zu begleiten. Wie das geht? Das zeige ich dir in diesem Buch.

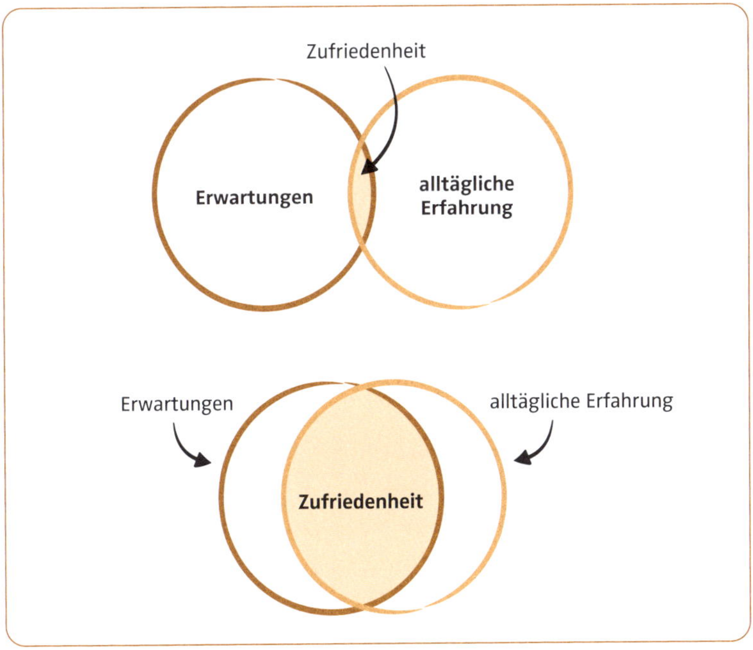

Wahrgenommene Zufriedenheit in der Familie

Auf einen Blick

Wunsch vs. Realität in der Familie: Die inneren Bilder eines immer harmonischen Familienlebens sind oft durch Werbung und Filme geprägt und völlig unrealistisch. Es ist normal und auch gesund, dass es in jeder gesunden Familie Konflikte gibt.

Die Bedeutung von Konflikten in Beziehungen: Konflikte sind kein Zeichen des Scheiterns. Im Gegenteil, sie sind Zeichen des Vertrauens und können das Miteinander stärken und Wachstum fördern. Eine sichere Bindung zu deinem Kind entsteht nicht ohne Konflikte. Akzeptiere, dass Konflikte normal sind, und lerne, sie klar und liebevoll zu begleiten.

Akzeptanz für mehr Zufriedenheit: Deine Zufriedenheit hängt nicht von der Anzahl der Konflikte ab, sondern von der Übereinstimmung zwischen deinen Erwartungen und der Realität. Daher lohnt es sich, zu akzeptieren, dass Konflikte ein wichtiger Teil des Familienlebens sind.

Konflikte sind Hinweise auf mehr

Konflikte entstehen dort, wo Wünsche, Anliegen und Bedürfnisse aufeinandertreffen. Manchmal sind uns die Wünsche und Bedürfnisse sehr bewusst, z. B., wenn unser Kind morgens früh aufstehen und spielen möchte, wir aber noch müde sind und weiterschlafen wollen. Dann stehen beide Anliegen nebeneinander: Das Kind will aufstehen und spielen – der Elternteil liegenbleiben und schlafen.

Es gibt aber auch Situationen, in denen wir uns unseres Anliegens (noch) nicht bewusst sind. Kennst du solche Situationen, in denen du plötzlich aus der Haut fährst? Zum Beispiel: „Immer dieses Theater am Abend, warum können die Kinder nicht einfach einmal ohne Streit ins Bett gehen?" Gerade neulich erzählte mir eine befreundete Mutter, dass sie beim friedlichen Abendessen wegen einer Kleinigkeit in die Luft gegangen ist: Die Apfelsaftschorle war nicht im richtigen Verhältnis gemischt. Im Nachhinein konnte sie herausfinden, dass ihre große Müdigkeit, Konflikte am Arbeitsplatz und mangelnde Wertschätzung die Ursachen für ihren plötzlichen Ausbruch waren. Die Apfelsaftschorle war nur der Auslöser.

Die klassische Erziehung früherer Generationen zielte auf Anpassung, Gehorsam und Fleiß; die eigenen Bedürfnisse und Anliegen der Kinder hatten da keinen Platz. So haben viele von uns nie gelernt, eigene Bedürfnisse, Wünsche und Anliegen ernst zu nehmen. Im Gegenteil, es ging darum, sie zu unterdrücken und sich anzupassen. Als Ergebnis haben heute viele Erwachsene keinen Zugang zu ihren Gefühlen und Bedürfnissen.

Wenn wir dann Eltern werden, berühren uns unsere Kinder plötzlich sehr intensiv an diesen Stellen und wir erleben mit unbändiger Kraft all das, was nie Platz haben durfte und wozu wir keinen Zugang mehr haben. Wie wenn du versuchst, einen aufgeblasenen Wasserball unter Wasser zu drücken. Es kostet viel Kraft, und für eine Weile kann man es schaffen. Aber sobald du ein wenig loslässt oder noch ein wenig nachdrückst, kommt der Ball mit ordentlich Druck an die Wasseroberfläche und schießt weit in die Luft.

So oder so ähnlich geht es vielen Menschen mit ihren eigenen Bedürfnissen, Gefühlen und Anliegen. Sie wurden jahrelang mit viel Druck unter der Wasseroberfläche gehalten, und jetzt, im Alltag mit Kind, passiert es immer wieder, dass sie mit aller Kraft an die Oberfläche kommen – und das erschreckt viele. Als Reaktion wird dann meist versucht, den Ball (die Gefühle) mit noch mehr Kraft wieder nach unten zu drücken, auch, um Konflikten mit aller Kraft aus dem Weg zu gehen. Denn die Angst vor der ganzen Wucht des Wasserballs ist groß.

Doch Überraschung: Das ist nicht die ideale Lösung. Viel hilfreicher ist ein anderes Bild: Der Konflikt, den du mit deinem Kind hast, ist die Spitze eines Eisbergs. Und unter der Eisbergspitze sind viele wichtige Dinge verborgen. Der größte Teil des Eisbergs liegt unter der (Wasser-)Oberfläche, wie auch ein großer Teil eurer Konflikte. Wichtig ist, dass du dann nicht allein auf der Konfliktebene bleibst und dich über das Verhalten und den Konflikt ärgerst und empörst. So können Konflikte die Beziehung zu deinem Kind belasten.

Schau stattdessen unter die Wasseroberfläche, auf den Rest des Eisbergs, dann kannst du viel über dich und dein Kind lernen. Dann wächst die Bindung zwischen dir und deinem Kind, dann überwindet ihr Konflikte gemeinsam.

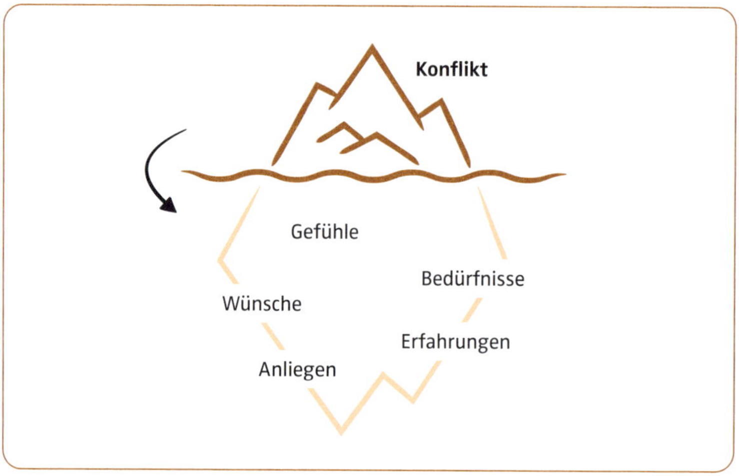

Blick unter die Wasseroberfläche

DER UNTERSCHIED ZWISCHEN WUNSCH UND BEDÜRFNIS

Bedürfnisse haben alle Menschen gleichermaßen. Es ist wichtig für die körperliche und seelische Gesundheit, dass Bedürfnisse beachtet und weitgehend befriedigt werden. Körperliche Bedürfnisse sind Hunger, Durst, auf die Toilette zu gehen oder zu schlafen. Die für mich wichtigsten vier emotionalen Bedürfnisse sind: Selbstwirksamkeit, Verbundenheit, Sicherheit und Lustgewinn.

Wünsche sind individuell, sie sind nicht bei allen Menschen gleich. Oft steckt hinter einem Wunsch ein Bedürfnis. Darauf gilt es zu achten.

Das Ernstnehmen der eigenen Wünsche und der Wünsche des Kindes führt zu einer tieferen Verbindung. Gleichzeitig müssen Wünsche nicht zwangsläufig erfüllt werden. Oft reicht es schon, darüber zu sprechen und zu schauen, welches Bedürfnis dahintersteckt.

Stell dir vor, du gehst mit deinem Kind nach dem Kindergarten in den Supermarkt, es möchte unbedingt eine Schokolade. Der Wunsch ist die Schokolade, das Bedürfnis dahinter könnte Hunger sein, vielleicht auch Müdigkeit oder Selbstwirksamkeit. Dem Wunsch nach der Schokolade musst du nicht unbedingt nachkommen (kannst du aber), doch die Bedürfnisse dahinter solltest du ernst nehmen.

JEDER KONFLIKT IST AUCH EIN GESCHENK

Jonas geht seit ein paar Wochen in die 2. Klasse. Er kommt von der Schule nach Hause, stellt seinen Ranzen in die Ecke und weigert sich auch nach mehrmaliger Aufforderung, ihn aufzuräumen. Seine Mutter wird wütend und droht ihm.

Jetzt kann sie an der Spitze des Eisbergs bleiben und den Konflikt entweder ignorieren oder eskalieren lassen. Oder sie kann bereit sein, unter die Wasseroberfläche zu schauen und im Gespräch herausfinden, dass er sich mit seinem Freund Tim gestritten hat und außerdem die Mathearbeit heute schwerer war als gedacht. Weil er sich über den Streit so geärgert hat, hat er sich keine Zeit zum Essen genommen. Jonas ist also erschöpft, frustriert und hungrig. Seine Mutter horcht genauer in sich hinein und merkt, dass sie sich vor allem darüber geärgert hat, dass ihr Sohn nicht auf sie gehört hat. Außerdem hatte sie heute Morgen viel Stress und ist ebenfalls nicht zum Essen gekommen.

Der Konflikt ist sozusagen der Wink mit dem Zaunpfahl dafür, dass beide Hunger haben und dringend eine Pause brauchen. Vielleicht merkt Jonas Mutter auch, dass es sie zwar schon gestört hat, dass Jonas ihr nicht zugehört hat, aber eigentlich waren es heute Morgen ihr Kollege Ralf und am Abend zuvor die Schwiegermutter, die ihr nicht zugehört haben – sie hat das nur auf Jonas projiziert.

Kennst du solche Situationen? Blick einmal zurück, was du beim letzten Konflikt mit deinem Kind über es erfahren hast. Was war unter der Eisbergspitze deines Kindes versteckt? War es müde? War es frustriert? Hat es sich nicht ernst genommen gefühlt? Wollte es selbst bestimmen oder vielleicht Nähe und Sicherheit?

Im weiteren Buchverlauf werde ich das Wort Anliegen nutzen. Jedem Anliegen liegt ein Bedürfnis zugrunde, mal in Form eines Wunsches und mal in Form von Gefühlen.

Auf einen Blick

Konflikte als Wegweiser: Konflikte entstehen, wenn unterschiedliche Wünsche, Anliegen und Bedürfnisse aufeinanderprallen. Manchmal sind wir uns dessen bewusst, oft aber auch nicht. Daher hier die wichtige Erinnerung: Konflikte weisen auf tieferliegende Anliegen hin.

Unterdrückte Bedürfnisse: In früheren Generationen wurde in der Erziehung meist Wert darauf gelegt, eigene Gefühle, Bedürfnisse und Wünsche zu unterdrücken, um sich anzupassen und zu gehorchen. Dadurch haben viele Eltern einen erschwerten Zugang zu ihren eigenen Gefühlen und Bedürfnissen, was zu einem hohen inneren Druck führt. Dieser Druck entlädt sich oft in Konflikten mit den eigenen Kindern, die Ursache für diesen Druck ist aber nicht der Konflikt mit dem Kind, sondern die lange Unterdrückung der eigenen Gefühle und Bedürfnisse.

Versteckte Ursachen erkennen: Konflikte sind nur die Spitze des Eisbergs. Wer bereit ist, unter die Wasseroberfläche zu schauen, wird viel über seine eigenen Wünsche, Bedürfnisse und Anliegen erfahren.

Unterscheide zwischen Wunsch und Bedürfnis: Bedürfnisse sind grundlegend für die physische und psychische Gesundheit und bei allen Menschen ähnlich. Emotionale Bedürfnisse lassen sich auf die emotionalen Grundbedürfnisse nach Selbstwirksamkeit, Bindung, Sicherheit und Lustgewinn zurückführen. Wünsche sind individuell und auf Bedürfnisse zurückzuführen.

Wunsch und Bedürfniserfüllung: Je jünger die Kinder sind, desto hilfreicher ist es, auf die Bedürfnisse prompt und zeitnah einzugehen. Bei älteren Kindern und vor allem bei Erwachsenen ist es erst mal hilfreich, die Bedürfnisse bewusst und wertschätzend wahrzunehmen. Erst im zweiten Schritt kann es dann um die Bedürfniserfüllung gehen, die mal schneller und mal langsamer in einem Familienleben möglich ist. Wünsche ernst zu nehmen ist schön und wichtig, doch nicht jeder Wunsch muss erfüllt werden. Manchmal ergibt es auch mehr Sinn, zu schauen, welches Bedürfnis eigentlich unter dem Wunsch verborgen ist.

Konflikte entwickeln sich spiralförmig

Du bist gerade auf dem Weg zur Toilette und hörst dein Kind rufen, unbedingt jetzt braucht es den roten Stift und findet ihn nicht. Bevor es jetzt laut wird und ein Konflikt entsteht, gehst du den roten Stift suchen. Wenn dein Kind dich braucht, dann bist du für es da, das ist dir wichtig. Kennst du das? Du hast Durst, doch dann muss dein Kind auf die Toilette und dein Kind braucht deine Unterstützung, natürlich gibst du dem Priorität. Du möchtest dich mit einem Freund austauschen, aber dein Kind will nicht, dass du gehst, dann geht es eben nicht. Solche oder ähnliche Situationen kommen gefühlt 32.352-mal täglich vor?

Je jünger die Kinder sind, desto öfter ist es notwendig, dass die Eltern ihr Anliegen zurückstellen können. Die spannende Frage an dieser Stelle ist aber: Geht es wirklich darum, dass das Anliegen des Kindes Priorität braucht, oder ist das sofortige Reagieren auch eine Strategie, um dem Konflikt aus dem Weg zu gehen?

Vielleicht steckt dahinter auch die Angst, dass der Konflikt dem Kind oder der Beziehung zum Kind schaden könnte? Vielleicht ist das eine sehr alte Strategie aus deiner Kindheit, die eigenen Anliegen zu unterdrücken, um eine oberflächliche Harmonie aufrechtzuerhalten?

Dieses Unterdrücken der eigenen Anliegen geht jedoch nicht ewig gut, meist kommt dann unbemerkt und sehr plötzlich der Punkt, an dem ein Konflikt völlig eskaliert. In diesem Kapitel werden wir einmal auf die Slow-Motion-Taste drücken, um zu verstehen, was genau in diesen Situationen passiert.

Ein Konflikt entsteht, weil verschiedene Anliegen aufeinandertreffen. Diesen Anliegen liegen Bedürfnisse und Gefühle zugrunde, die wichtig sind. Wenn wir nun versuchen, das alles zu ignorieren, um den Konflikt zu vermeiden, dann gelingt das vielleicht für den Moment, doch der innere Druck steigt.

Das Ignorieren der eigenen Anliegen funktioniert eine Zeit lang, und vielleicht nimmst du den inneren Druck gar nicht wahr, der stetig steigt, weil du aufgrund deiner Geschichte sehr geübt darin bist, deine eigenen Anliegen zu unterdrücken. Doch der Druck steigt unbemerkt weiter und gefühlt ganz plötzlich platzt die Bombe und der Konflikt ist groß und heftig.

Weil der Konflikt jetzt so groß, heftig und aufgeladen ist, ist er viel schwieriger zu lösen und Machtkämpfe entstehen viel schneller. Das schürt die Angst vor Konflikten und die Spirale beginnt: Schuld- und Schamgefühle führen meist zusätzlich dazu, dass eigene Anliegen noch mehr unterdrückt werden, um den Ausbruch wiedergutzumachen.

Durch die Heftigkeit des Konflikts steigt die Angst davor und treibt unbewusst die Konfliktvermeidungsspirale an. Diese führt auch dazu, dass du dich eigentlich aus dem Kontakt und der Beziehung zurückziehst. Du möchtest deinem Kind nahe sein und wählst die Strategie der Konfliktvermeidung. Aber dadurch vermeidest du es, dich mit deinen Anliegen zu zeigen, was dazu führt, dass die Beziehung weniger echt und nah ist. Du versuchst, Ausbrüche, Tränen und auch Verletzungen zu vermeiden, doch das langfristige und häufige Ignorieren deiner eigenen Anliegen führt zu viel mehr Ausbrüchen, Tränen und emotionalen Verletzungen.

Ich stimme dir zu, dass es gut ist, Explosionen, Tränen und Verletzungen zu vermeiden, jedoch nicht, indem man seine Anliegen ignoriert, sondern im Gegenteil, indem man sie viel früher ernst nimmt. Wenn dir das gelingt, hast du weniger Druck und mehr Kapazitäten, um Konflikte mit deinem Kind in Klarheit zu lösen und es mit seinen Gefühlen und Anliegen zu begleiten.

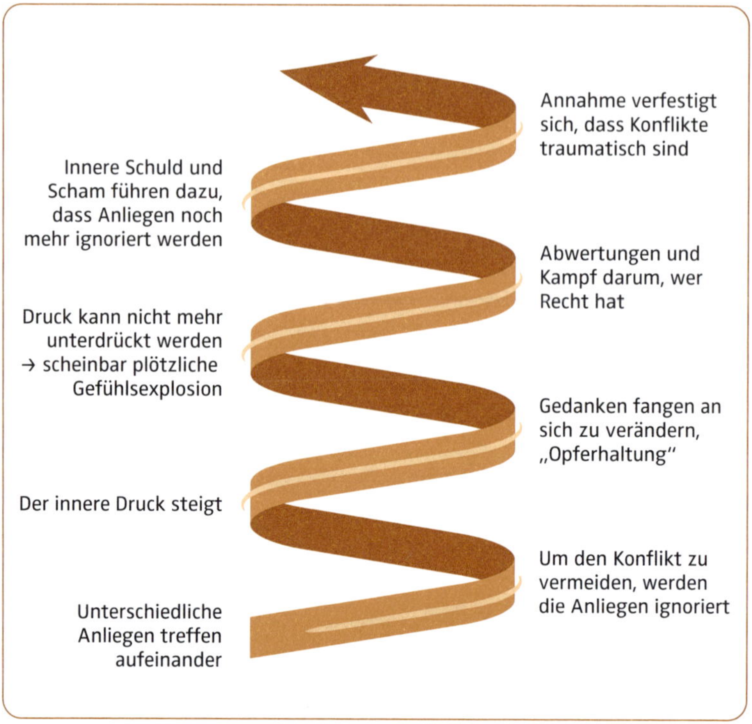

Konfliktspirale nach Kiran Deuretzbacher

DER DIREKTE WEG IN DIE ESKALATION

Sebastian ist mit seinem Sohn Noah auf dem Spielplatz; es ist ein schöner Nachmittag, sie haben eine gute Zeit. Dann muss der Vater auf Toilette und beim Blick auf die Uhr sieht er auch, dass es jetzt nötig ist zu gehen, damit sie noch genügend Zeit fürs Abendessen haben und Noah rechtzeitig ins Bett kommt. Außerdem spürt Sebastian, dass er vom Tag müde ist.

Noah will noch nicht gehen. Also wartet sein Vater, denn der Tag war so schön, da passt ein Konflikt nicht rein. Auch nach weiteren zehn Minuten will Noah nicht gehen. Sebastian erklärt, sie bräuchten noch Zeit für das Abendessen und er habe Hunger. Noah will immer noch nicht gehen. Nach weiteren zehn Minuten trifft sein Vater eine Abmachung: „Fünfmal rutschen und dann gehen wir."

Nachdem Noah zehnmal gerutscht ist und dann zur Schaukel rennt, platzt Sebastian der Kragen: Er schimpft, droht mit Fernsehverbot, setzt das Kind wütend in den Kinderwagen und geht mit einem weinenden Kind erschöpft nach Hause. Der Konflikt ist eskaliert, Vater und Kind sind frustriert und fühlen sich schlecht.

Kennst du diese Spirale und auch die Reaktion? Vielleicht schaust du einmal zurück auf den letzten Konflikt, der mit deinem Kind eskaliert ist: Wo hast du dein Anliegen oder das Anliegen deines Kindes nicht beachtet, um den Konflikt zu vermeiden?

Wie soll es denn anders gehen? Wenn deine Bedürfnisse und Anliegen mit denen deines Kindes nicht miteinander vereinbar sind, muss einer zurückstecken, oder? Entweder du steckst zurück oder dein Kind – einer muss leiden, richtig?

Ich möchte dir hier einen Weg zwischen „entweder" und „oder" zeigen, einen bewussten Weg mit „sowohl, als auch". Dabei geht es zunächst darum, die unterschiedlichen Anliegen wahrzunehmen und auch anzusprechen:

- „Ich sehe, du willst noch rutschen, mir ist jetzt kalt."
- „Du hast viel Spaß hier und ich habe jetzt Hunger."
- „Mir ist wichtig, dass wir pünktlich zu Abend essen und du möchtest noch schaukeln."

Im **Sehen der Anliegen** verändert sich schon etwas: Das Gefühl, dass die eigenen Anliegen wichtig sind und ernst genommen werden, nimmt oft schon ein Stück Druck.

Dann kommt das **Abwägen.** Wie wichtig sind die jeweiligen Anliegen für die jeweilige Person, was bedeutet es für die jeweilige Person, ihr Anliegen zurückzustellen? Vielleicht auch: Wie oft hat jede Person heute schon die eigenen Anliegen zurückgestellt und wie viel „Druck" liegt unter den Anliegen? Die Entscheidung kann dann unterschiedlich ausfallen. Manchmal wirst du dich für den Konflikt entscheiden und manchmal dagegen. Das ist völlig in Ordnung so.

Wenn du dich für den Konflikt entscheidest, dann tust du das bewusst, und du bist auch klarer in deiner Haltung. Wichtig ist dabei, dass du dich möglichst rechtzeitig entscheidest, denn dann hast du noch genügend Energie. Hätte Sebastian in meinem Fallbeispiel früher darauf bestanden zu gehen, dann hätte er noch mehr Kapazität gehabt und wäre nicht so schnell explodiert. Kalkuliere also ein, dass ein Konflikt deine Energie (ver-)braucht.

Nachdem du dein Anliegen und das Anliegen deines Kindes liebevoll angeschaut hast, kannst du dich auch bewusst dafür entscheiden, nicht in den Konflikt zu gehen, das ist auch in Ordnung.

Vielleicht fragst du dich jetzt: Wo ist der Unterschied zwischen dem Aufschieben eines Anliegens, um den Konflikt zu vermeiden, und dem Aufschieben, um den Konflikt zu lösen?

Ich kann dir sagen, dass es ein großer Unterschied ist. Einmal gehst du aus der Beziehung heraus, du schaust nicht, worum es geht, sondern dein Ziel ist es, den Konflikt zu vermeiden; und einmal gehst du sehr bewusst in Kontakt, dein Anliegen und das deines Kindes zählen und du triffst eine bewusste Entscheidung für einen gemeinsamen Weg, mit oder ohne Konflikt.

Auf einen Blick

Die Konfliktspirale entlarven: Wenn Eltern eigene Anliegen zu oft und zu lange ignorieren, entsteht ein innerer Druck, der dazu führt, dass Konflikte dann plötzlich eskalieren. Die eskalierenden Konflikte und die damit verbundenen Schuld- und Schamgefühle führen wiederum dazu, dass beim nächsten Mal Anliegen noch länger ignoriert werden und Konflikte erneut eskalieren.

Aus der Konfliktspirale aussteigen: Indem Eltern ihre Anliegen rechtzeitig wahrnehmen und ernst nehmen, solange der Druck noch nicht zu groß ist und noch Energie vorhanden ist, haben sie die Möglichkeit, Konflikte mit ihrem Kind zugewandt zu lösen.

Konfliktvermeidung bedeutet auch Beziehungsvermeidung: Wenn eigene Anliegen immer wieder und dauerhaft nicht gezeigt werden, zieht sich die Person aus der Beziehung zurück. Echte und lebendige Beziehungen leben davon, dass alle Beteiligten sich auch mit ihren Anliegen zeigen.

Anliegen ernst nehmen: Es geht nicht immer darum, dass Anliegen sofort gelöst werden müssen, doch es macht einen entscheidenden Unterschied, ob sie ignoriert oder ob sie gesehen und dann bewusst und zugewandt zurückgestellt werden. Mit dem Ernstnehmen von Anliegen ist schon die Hälfte des Drucks genommen.

Konflikte entstehen dort, wo Menschen sich mit ihren Anliegen zeigen: Konflikte gehören zu warmen und echten Beziehungen und sie dürfen auch Teil deiner Beziehung zu deinem Kind sein. Nicht die Konflikte belasten die Beziehung, sondern der Druck, die Abwertungen, die Verletzungen, die entstehen, wenn Konflikte eskalieren.

Konfliktfähigkeit braucht Vorbilder

Wenn Eltern zu mir in die Beratung kommen, stehen meist die Kinder im Mittelpunkt. Eltern wünschen sich für ihre Kinder eine harmonische und friedvolle Kindheit und die Möglichkeit, alle ihre Potenziale entfalten zu können.

Gerade bei Eltern, die es besonders gut machen wollen, ist dies ein häufiges Phänomen: Je mehr der Fokus auf die Belange der Kinder gerichtet wird, desto mehr verschwindet der Fokus der Eltern auf ihre eigenen Anliegen. Es entsteht ein neues Ungleichgewicht. In früheren Generationen war es oft umgekehrt, da waren die Anliegen der Kinder unwichtig und preußische Tugenden wie Gehorsam, Disziplin, Fleiß und Pflichtbewusstsein standen im Mittelpunkt.

Kennst du das auch? Dass du dir viele Gedanken um die Anliegen deines Kindes machst und dabei deine eigenen Anliegen aus den Augen verlierst? Damit bist du sicher nicht allein. Durch das neue Ungleichgewicht ist der Fokus sehr auf das Kind gerichtet, mit vielen Erklärungen und Erwartungen. Eltern wünschen sich, dass ihr Kind seine eigenen Grenzen respektiert, einfühlsam mit anderen umgeht, sich durchsetzt und Konflikte gut lösen kann. Doch das lernt dein Kind weniger durch Erklärungen, sondern auch von dir; du als Vorbild bist wichtig. Wie gehst du mit deinen eigenen Grenzen um? Wie einfühlsam kannst du im Konflikt sein? Wie kannst du dich zugewandt und klar durchsetzen? Und wie löst du Konflikte?

Wenn es bei euch zu Hause kaum Konflikte gibt, kann dein Kind von dir nicht lernen, wie man sie gut löst. Wenn Konflikte lange nicht angesprochen werden, eskalieren oder lange unausgesprochen in der Luft hängen und die Familienatmosphäre belasten, lernt dein Kind, dass Konflikte gefährlich sind. Deshalb sind Konflikte, die du mit deinem Kind hast, wertvoll. Denn es lernt von dir, wie es damit umgehen kann und dass sie keine Gefahr für euer Zusammenleben sein müssen.

Vielleicht liest du das gerade und denkst dir: „Ja, das klingt gut, doch wie soll das gehen? Wie soll ich vorleben, dass Konflikte gemeinsam gelöst werden können, wenn ich selbst nicht weiß, wie ich Konflikte gut lösen kann?" Das ist die Schwierigkeit: Ganz viele in unserer Generation haben nie lernen dürfen, Konflikte in Verbindung zu lösen. Geht es dir auch so, fehlen dir auch Vorbilder und Werkzeuge für eine gute Konfliktlösung? Wir erarbeiten sie uns jetzt Schritt für Schritt!

GEMEINSAM WACHSEN

Eine Mutter, der es sehr wichtig ist, ihre Kinder bedürfnisorientiert ins Leben zu begleiten, kommt mit der Frage zu mir in die Beratung, wie sie ihr Kind darin unterstützen könne, seine eigenen Wünsche und Bedürfnisse im Kindergarten zu äußern. Das Kind sei im Kontakt mit anderen Kindern oft überfordert und ziehe sich zurück, anstatt sich für seine Anliegen einzusetzen, und komme dann sehr angespannt nach Hause. Die Mutter hat dem Kind zwar schon oft gesagt, dass es nicht immer nachgeben soll, aber die Umsetzung ist dem Kind im Kindergarten nicht gelungen.

Im Gespräch erforschten wir, dass die Mutter selbst Schwierigkeiten hat, sich für ihre Anliegen einzusetzen. Das Kind erlebt oft, dass die Mutter um der Harmonie willen und aus Hilflosigkeit eigene Anliegen zurückstellt.

Im Beratungsprozess richteten wir den Fokus zunächst vom Kind weg auf die Mutter. Sie erarbeitet sich mit meiner Unterstützung, wie sie ihre eigenen Anliegen gegenüber ihrem Kind vertreten, wie sie sich von den Erwartungen ihrer Herkunftsfamilie abgrenzen und wie sie die Anliegen ihres Kindes im Kindergarten vertreten kann. Ihr Kind kann sie dabei beobachten und sie merkt, dass sich die Anstrengung lohnt.

Nach einiger Zeit erzählt mir die Mutter, wie sie beobachten konnte, dass ihr Kind sich nun auch in Freundschaften und Fachkräften gegenüber leichter für seine Anliegen einsetzen kann.

Blicke auf die kleinen Schritte

Ich weiß, dass du dieses Elternding gut machen willst, dass du die Inhalte dieses Buches schnell und richtig umsetzen willst. Du möchtest ab morgen Konflikte mit deinem Kind positiv angehen. Doch ich möchte dich an dieser Stelle dazu einladen, deinen Blick ganz warm und weich auf die kleinen Schritte zu legen. Ja, es ist wichtig und hilfreich für dich und dein Kind, dass du etwas verändern willst. Und doch ist das alles auch für dich neu, denn dir haben genau diese Vorbilder gefehlt, du durftest nicht erleben, wie es geht, Konflikte gut zu lösen und sich zugewandt für die eigenen Anliegen einzusetzen. Deshalb freue dich über jeden kleinen Schritt, jedes Mal, und sei es am Anfang nur einmal in der Woche, wenn ihr einen Konflikt konstruktiv gelöst habt.

Mit diesem Buch möchte ich dich in einer langfristigen und nachhaltigen Entwicklung unterstützen, und nachhaltige Veränderung geschieht in kleinen Schritten mit diesem warmen und sanften Blick auf dich selbst. Bist du jedes Mal frustriert, wenn du dein Ziel nicht erreichst, wachsen dein Frust und deine Hilflosigkeit. Ist dein Blick hingegen auf die kleinen Momente des Gelingens gerichtet, wachsen in dir Zuversicht und Zufriedenheit, die dich in deiner Entwicklung unterstützen. Und auch dein Kind sieht, wenn du dich über die gelingenden Momente voller Zuversicht freust, statt über die nicht gelingenden Momente den Mut zu verlieren. Nimm diese Einladung an und freue dich, wenn dir einmal pro Woche ein zugewandter Konflikt gelingt; ich bin sehr zuversichtlich, dass es bald zwei zugewandte Konflikte pro Woche sein werden.

Mache Fehler und übernimm Verantwortung dafür

Du gibst dein Allerbestes für dein Kind und möchtest Fehler vermeiden. Aber es ist okay, Fehler zu machen. **Eltern sind Menschen und Menschen machen Fehler, auch in ihrer Elternschaft.** Das schadet deinem Kind nicht, sondern es entlastet dein Kind. Auch dein Kind macht Fehler und es hilft deinem Kind zu erleben, dass es nicht allein damit ist. Kindheit bedeutet Lernen und Lernen funktioniert nicht ohne Fehler. Um erfolgreich lernen zu können, braucht dein Kind einen guten Umgang mit Fehlern. Du kannst ihm ein Vorbild sein und ihm einen hilfreichen Umgang mit Fehlern vorleben. Vorleben ist deutlich effektiver als Erklären.

Im Konflikt wirst du an der einen oder anderen Stelle die Grenzen deines Kindes nicht respektieren oder auch deine eigenen übergehen, du wirst dein Kind manchmal beschuldigen und auch abwerten. Das ist in Ordnung. Es gibt wenig, was Kinder mehr unter Druck setzt als Eltern, die immer alles richtig machen. Also ja, es ist gut und wichtig, dass du Fehler machst. Wichtig ist, dass dein Kind auch von dir lernen kann, dass man nach so einer Situation mit einem ehrlichen „Es tut mir leid“ die Verantwortung übernehmen kann. In früheren Generationen war es zum Teil so, dass man als Eltern nie Schwäche zeigen durfte und Stärke bedeutete, immer recht zu haben und immer zu wissen, was richtig und was falsch ist. Eine Entschuldigung vor dem Kind durfte es nicht geben. Heute wissen wir, dass das der Eltern-Kind-Beziehung und dem Selbstwert des Kindes geschadet hat. Daher dürfen wir es anders machen. Dein Kind hat das Glück, erfahren zu dürfen, wie wertvoll es ist, wenn sich auch die eigenen Eltern nach einem Fehler entschuldigen und sich somit fehlbar, authentisch und verletzlich zeigen.

Also ja, mach Fehler und übernimm die Verantwortung dafür. Wenn du einen Fehler gemacht hast, etwas, was du so nicht mehr machen würdest, von dem du denkst: „Oh, das hat jetzt mein Kind verletzt“, dann sage beispielsweise klar und offen: „Sara, es tut mir leid, dass ich gerade so laut geworden bin, ich habe gesehen, dass du dich richtig erschrocken hast, das wollte ich nicht.“ So übernimmst du Verantwortung, fühlst mit deinem Kind und sprichst ihm seine Gefühle nicht ab.

Oft hört man auch Sätze, in denen die Verantwortung dann doch durch die Hintertür an das Kind weitergegeben wird und durch die ihm seine Gefühle abgesprochen werden: „Sara, es tut mir leid, ich wollte nicht laut werden, aber weil du nicht zugehört hast, wusste ich einfach nicht mehr weiter und du brauchst keine Angst zu haben. Das nächste Mal hörst du besser auf, dann brauche ich nicht laut zu werden.“ Wenn du die Verantwortung für dein Handeln übernehmen möchtest, bleib bei dir. Verantwortung zu übernehmen bedeutet nicht, dass du die Schuld trägst. Ich bin fest davon überzeugt, dass auch du gute Gründe für dein Verhalten hast und nicht aus böser Absicht handelst. Doch du bist die erwachsene Person und trägst die Verantwortung für dein Handeln und kannst sie nicht an dein Kind übertragen.

VERANTWORTUNG ÜBERNEHMEN VS. IN DER EIGENEN SCHULD VERSINKEN

Ich nutze im Gespräch mit meinen Kindern viel lieber den Satz „Tut mir leid" statt „Entschuldigung". Doch am Ende zählen nicht die Worte, die du wählst, sondern deine Haltung und dein Gefühl.

„Tut mir leid" steht für mich dafür, dass ich mein Kind ernst nehme, ihm mein Mitgefühl zeigen möchte und dabei die Verantwortung für mein Handeln übernehme – dass das, was ich getan habe, etwas ausgelöst hat, das ich nicht möchte. Doch ich bin grundsätzlich im Vertrauen in unser Miteinander und zuversichtlich, da Lösungen mit meinem Kind zu finden.

Hingegen sind Schuldgefühle in der Elternschaft oft „Beziehungsstolpersteine", denn unser Schuldgefühl steht zwischen mir und meinem Kind. Ich versinke im schlechten Gewissen und werte mich ab. Davon hat mein Kind nichts, im Gegenteil, das erschwert Veränderung und Beziehung. Auch liegt es nicht an dem Kind, dir Absolution zu erteilen, das Kind darf gerne weiter sauer sein, das ist sein gutes Recht. Wichtig ist, dass du dir selbst verzeihst und dann wieder bereit bist, in eine gute Beziehung zu deinem Kind zu gehen.

Auf einen Blick

Fokus im Ungleichgewicht: Es ist wichtig, dass heute, im Gegensatz zu früher, die Bedürfnisse und Anliegen der Kinder berücksichtigt werden. Allerdings ist in den letzten Jahren teilweise ein Ungleichgewicht entstanden; es ist wichtig, dass die Eltern nicht nur die Kinder mit ihren Anliegen im Blick haben, sondern auch sich selbst und die eigenen Anliegen.

Die Bedeutung der elterlichen Vorbildfunktion: Eltern wünschen sich von ihren Kindern, dass sie gut mit Konflikten umgehen können, dass sie sich für Themen einsetzen und dass sie kooperations- und kompromissbereit sind. Allein durch Erklärungen lernen Kinder dies jedoch nicht. Hier spielt die Vorbildfunktion der Eltern eine große Rolle. Die Art und Weise, wie Eltern mit ihren eigenen Grenzen umgehen, wie sie sensibel mit Konflikten umgehen, wie sie sich durchsetzen und Konflikte lösen, prägt Kinder mehr als Worte.

Fehlende Vorbilder: Die Schwierigkeit besteht darin, dass viele Eltern von heute keine Vorbilder hatten und haben, wie ein guter Umgang mit Konflikten aussehen kann. Daher ist es eine besondere Herausforderung, gemeinsam mit den Kindern einen neuen Umgang mit Konflikten zu lernen.

Fehler machen: Ohne Fehler kein Lernen, das gilt auch für dich, wenn du einen neuen Umgang mit Konflikten lernen willst. Für dein Kind ist es sogar hilfreich, dass auch du Fehler machst, dann fühlt es sich nicht so allein mit eigenen Fehlern.

Kleine Schritte würdigen: Nachhaltige Veränderungen und tiefgreifendes Lernen geschehen nicht von heute auf morgen. Deshalb ist es wichtig, auf die kleinen Schritte zu achten. Sich über jeden gut gelösten Konflikt zu freuen, ist sinnvoller und gibt mehr Kraft für den Veränderungsprozess, als sich über die Konflikte zu ärgern, die noch nicht gut gelöst worden sind.

Verantwortung übernehmen vs. in Schuld versinken. Es ist ein wertvolles Geschenk, wenn Eltern sich bei ihren Kindern entschuldigen, dabei ist es wichtig, dass die Eltern die Verantwortung bei sich behalten und sie nicht durch einen Nebensatz an das Kind zurückgeben und dass die Eltern sich selbst verzeihen. Anhaltende Schuldgefühle der Eltern belasten die Beziehung zum Kind mehr, als dass sie ihr helfen.

Konfliktlösung basiert auf Werten

Gleichwürdig, auf Augenhöhe, liebevoll und respektvoll: Vielleicht sind das Werte, die du dir für euer Miteinander mit deinem Kind wünschst. Vielleicht sind es auch andere Werte, doch die Grundmelodie wird ähnlich sein. Und ja, wenn dein Kind das tut, was du von ihm erwartest, und wenn alles so läuft, wie du es dir vorstellst, dann ist es gar nicht so schwer, diese Werte zu leben. Doch entscheidend ist: Wie kannst du deine Werte leben, wenn gerade nicht alles läuft, wie ist es, wenn es Konflikte gibt?

Wahrscheinlich ist es bei deinem Kind ähnlich: Läuft alles nach seinen Wünschen und Vorstellungen, dann ist dein Kind auch nett und freundlich. Ein Lächeln im Sonnenschein, dazu braucht es nicht viel. Doch wie stabil diese Werte sind, das zeigt sich vor allem im „Sturm", sprich im Konflikt.

Ich mag die Perspektive, dass du im Konflikt die Möglichkeit hast, wirklich ernsthaft und tiefgehend deine Werte eures Zusammenlebens weiterzugeben. Das heißt nicht, dass du im Konflikt immer nach deinen Werten handeln musst und dein Verhalten immer perfekt sein muss. Fehler und kleine Grenzüberschreitungen, für die du die Verantwortung übernimmst, sind sogar wichtig (siehe voriges Kapitel).

Doch im Konflikt, gerade in wiederkehrenden Konflikten, hast du die Möglichkeit, dich immer wieder an deinen Werten zu orientieren und sie als Kompass für dein Handeln zu nutzen.

VERGLEICHEN TUT NICHT GUT

Hannes und seine Frau kommen zu mir in die Beratung. Ihre fünfjährigen Zwillinge rivalisieren ständig. Jede Gelegenheit wird genutzt, um zu zeigen, dass man der Tollere, Schnellere, Schlauere ist und wie schlecht der Bruder ist. Die Familienatmosphäre ist davon geprägt und die Beziehung der Brüder belastet. Sie wollen von mir wissen, was sie tun können, damit die Brüder aus dem Wettbewerb aussteigen.

Im Gespräch stellt sich heraus, dass die Eltern häufig Wettbewerbe zwischen den Kindern als Motivation einsetzen: „Wer zuerst im Auto ist, hat gewonnen." Ebenso nutzen sie Vergleiche zwischen den Kindern zur Motivation. „Guck mal, Jonte hat sein Zimmer ganz allein aufgeräumt, warum schafft er das und du nicht?"

Für die Eltern ist es eine sehr wichtige, aber auch schmerzhafte Erkenntnis, dass sie selbst die Strategien, die sie an ihren Kindern kritisieren, auch in Konflikten anwenden. Diese Erkenntnis ist aber nicht nur schmerzhaft, sondern auch sehr hilfreich, da sie einen großen Handlungsspielraum für Veränderungen eröffnet.

So entwickeln Eltern Konfliktstrategien, die ihren Werten entsprechen: Sie wollen keinen Konkurrenzkampf zwischen den Kindern, dann nutzen sie den Wettbewerb auch nicht als Motivation. Sie wollen nicht, dass die Geschwister sich gegenseitig abwerten, dann achten die Eltern selbst darauf, dass sie keines der Kinder gegenüber dem Geschwisterkind abwerten.

„Ich möchte, dass du jetzt zum Auto kommst", „Kannst du wie ein Elefant zum Auto laufen?", „Komm, ich nehme dich an der Hand, dann gehen wir gemeinsam zum Auto." Das könnten Sätze sein, die die Eltern finden, anstatt den Wettbewerb anzufeuern.

Dasselbe gilt für das Aufräumen: „Ich möchte, dass du jetzt dein Zimmer aufräumst", „Ja, Zimmer aufräumen ist manchmal doof, ich mach uns jetzt Musik an und dann packen wir alles Lego in die Kiste", „Bist du jetzt zu müde, um dein Zimmer aufzuräumen? Dein Bruder hat gerade sein Zimmer aufgeräumt, ihr seid unterschiedlich, das ist okay. Was schlägst du vor, wann du dein Zimmer aufräumst, ich möchte, dass wir jetzt eine feste Abmachung treffen."

Für die Eltern braucht es Zeit und Geduld anders, neu in herausfordernden Situationen zu reagieren, doch es lohnt sich, den jetzt sind sie ihren Werten auch im Konflikt treu.

Nur, weil du deine Werte im Alltag lebst, heißt das noch lange nicht, dass dein Kind sie auch umsetzen wird. Das braucht Zeit und Vertrauen. Ehrlich gesagt sollte das jedoch auch nicht dein einziges Ziel sein, um deinem Kind auf Augenhöhe, liebevoll und ohne Scham zu begegnen. Du lebst deine Werte nicht, damit dein Kind danach handelt, sondern du lebst deine Werte, weil es deine Werte sind und dein Kind es verdient hat, wie jedes Kind, liebevoll ins Leben begleitet zu werden. Und das kommt langfristig bei deinem Kind an.

Auf einen Blick

Werte geben Halt: Die Werte der Eltern geben Sicherheit, Halt und Orientierung im Zusammenleben mit ihren Kindern.

Werte im Konflikt als Prüfstein: Wie stabil deine Werte sind, zeigt sich in Konfliktsituationen. Gerade im Konflikt ist es hilfreich, deine Werte als Richtschnur für dein Handeln heranzuziehen. Das prägt dein Kind mehr, als wenn du deine Werte nur dann lebst, wenn sich alle einig sind.

Werte vorleben: Nur, weil du deine Werte vorlebst, heißt das nicht, dass dein Kind sie automatisch sofort umsetzt. Es profitiert langfristig davon, wenn du auch im Konflikt liebevoll, respektvoll und klar bleibst.

Lebe deine Werte, weil sie dir wichtig sind: Lebe deine Werte nicht in der Erwartung, dass dein Kind sie übernimmt, sondern lebe deine Werte, weil dein Kind es dir wert ist. Dein Kind wird den Unterschied spüren.

Konfliktkompetenz ist entscheidend

In meinen Beratungen höre ich oft Sätze wie:

- „Eigentlich wollte ich einen schönen Nachmittag mit den Kindern verbringen und dann gab es nur Konflikte."
- „Ich hätte die Kinder nicht früher vom Kindergarten abholen sollen."
- „Ich hatte mich so auf den Samstag mit viel Beziehungszeit mit meinem Kind gefreut, und dann haben wir uns nur gestritten."
- „Eigentlich wollte ich in den Ferien die Zeit richtig genießen und unsere Beziehung stärken, doch es kamen so viele Themen auf, dass wir von einem Konflikt in den nächsten gerieten."

Kennst du das auch: Du willst eine schöne Zeit mit deinem Kind verbringen und dann gibt es nur Konflikte und du bist frustriert? An dieser Stelle möchte ich dich ganz deutlich zum Umdenken, zum Neudenken ermutigen. Vielleicht möchtest du es einmal mit einer neuen Perspektive ausprobieren? Konflikte sind keine Zeitfresser, sondern wertvolle Lern- und Entwicklungsmöglichkeiten. Dein Kind erwirbt wichtige Konfliktkompetenzen. Es setzt sich für seine eigenen Anliegen ein. Und ihr könnt eure Beziehung stärken.

Konfliktkompetenzen sind wichtige Fähigkeiten, die unsere Kinder für ihre persönliche und soziale Entwicklung brauchen. Konfliktkompetenzen sind grundlegend für gelingende Beziehungen, sowohl in der Familie als auch in der Gesellschaft. Sie fördern die emotionale Intelligenz, das Selbstvertrauen und die Fähigkeit zur Zusammenarbeit. Indem dein Kind sie entwickelt, erwirbt es die Fähigkeiten,

- Konflikte friedlich zu lösen,
- gesunde Beziehungen aufzubauen,
- sich für seine Anliegen und Werte einzusetzen
- und beruflich erfolgreich zu sein.

Damit wird der Grundstein für ein erfülltes Leben und eine funktionierende Gesellschaft gelegt.

Und wo kann man diese Fähigkeiten am besten entwickeln und üben? Zu Hause, im sicheren Hafen, in dem man sich wohl und geborgen fühlt. Also lass die Konflikte zu Hause, lass dein Kind an ihnen wachsen und sich ausprobieren und sich für sein Anliegen einsetzen.

Doch was meine ich mit Konfliktkompetenz ganz konkret? Was lernt dein Kind in euren Konflikten?

Die wichtigste Konfliktkompetenz, die du deinem Kind mitgeben kannst, ist die Einstellung zu Konflikten: Konflikte sind Wachstumsmöglichkeiten. Konflikte sind keine Gefahr und kein Zeichen von Versagen oder Scheitern, sondern sie werden immer Teil des Lebens sein, und du, mein Kind, kannst Konflikte bewältigen und dabei viel Neues lernen, über dich selbst und über andere und von anderen.

„Konflikte sind kein Ausdruck von Versagen, sondern eine Chance zu wachsen.“

Kommunikationsfähigkeit Dein Kind lernt seine Gedanken, Gefühle, Wünsche und Anliegen auszudrücken, zunehmend auch so, dass es beim Gegenüber ankommt und nicht verletzt.

Einfühlungsvermögen Um Konflikte lösen zu können, braucht es auch den Perspektivwechsel für mein Gegenüber. Das entwickelt sich erst, meist braucht es bis zur Grundschulzeit, bis das zuverlässiger gelingt. Und auch uns Erwachsenen gelingt der Perspektivwechsel im Konflikt nicht zuverlässig, meist müssen sich die großen Gefühlswellen beruhigen, bevor der Perspektivwechsel möglich ist. Indem dein Kind auch dir zuhört, sich dein Anliegen anhört und gleichzeitig deine Empathie erfährt, kann es diese Empathie auch entwickeln.

Emotionsregulation Surft auf den Wellen der Gefühle! Es ist nicht wichtig oder gar förderlich für die emotionale Entwicklung deines Kindes, nur in einer harmonischen und friedlichen Umgebung aufzuwachsen. Dein Kind darf erfahren, dass Gefühle auch heftig sein können, wie Wut und Hilflosigkeit. Es darf aber auch erfahren, dass Gefühle wieder vergehen. Gemeinsam mit dir darf es spüren, dass alle Gefühle in Ordnung sind und dass es die Gefühlswellen (mit deiner Hilfe) steuern oder regulieren kann.

Problemlösung Wenn du dein Kind in die Konfliktlösung mit einbeziehst, lernt es auch, dass Konflikte bewältigbar und Probleme lösbar sind. Das gibt ihm viel Sicherheit und Selbstvertrauen. Im Leben deines Kindes werden immer wieder Probleme auftreten. Diese Probleme müssen aber nicht dazu führen, dass sich dein Kind hilflos und überfordert fühlt. Dadurch, dass dein Kind zu Hause gelernt hat: „Konflikte kann ich bewältigen, Probleme lösen“ wird es auch im späteren Leben Konflikte klar und liebevoll lösen und hat so die Basis gelegt, um im Privaten erfüllte Beziehungen zu leben und im Beruf erfolgreich im Team arbeiten zu können.

Sich für seine Werte einsetzen Wünschen wir uns nicht alle ein gerechteres Miteinander in unserer Welt? Dafür brauchen wir Menschen, die für ihre Werte einstehen. Die aufstehen und nicht schweigen. Die Verantwortung übernehmen und nicht wegschauen, wenn es Probleme gibt. Die dazu bereit sind, etwas zu verändern, anstatt in Hilflosigkeit und Frust zu versinken und sich immer ungerecht behandelt zu fühlen. Unsere Kinder, die sich für ihre Werte einsetzen und gleichzeitig bereit sind, zuzuhören und mitzufühlen, haben, so sehe ich das, ein großes Potenzial, diese Welt zu einem noch besseren Ort zu machen.

Auf einen Blick

Du darfst neu denken: Konflikte sind kein Zeichen von Versagen, sondern eine Chance, zu wachsen und zu lernen.

Konfliktkompetenzen lernen: In jedem Konflikt lernt dein Kind wichtige Kompetenzen, die es für sein Leben braucht, sowohl im privaten als auch im beruflichen Umfeld.

Gefühlswellenreiten: Dein Kind darf die ganze Vielfalt an Gefühlen kennenlernen. Das stärkt und bietet die Voraussetzung dafür, dass dein Kind einen gesunden Umgang mit den eigenen Gefühlen lernt.

Stabile Beziehungen und beruflicher Erfolg: Um vertrauensvolle Beziehungen führen zu können und beruflich erfolgreich zu sein, ist es wichtig, dass dein Kind lernt, für seine Anliegen einzustehen und Empathie für die Anliegen anderer zu entwickeln.

Es braucht Weltveränderer: Dadurch, dass unsere Kinder gelernt haben, sich für ihre Werte einzusetzen und Konflikte als Chance zu sehen, und dass sie die Erfahrung gemacht haben, dass sie Probleme lösen können, haben sie das Potenzial, sich auch in der Welt für ihre Werte einzusetzen und Probleme lösungsorientiert anzugehen.

2. SCHRITT – HINSCHAUEN: SO GEHST DU KONFLIKTEN AUS DEM WEG

Viele Wege führen nach Rom. Genauso gibt es viele Strategien, Konflikte zu umgehen und zu vermeiden, und an manchen Stellen ergibt das auch Sinn. Nicht jeder Konflikt muss ausgetragen werden. Doch grundsätzlich braucht jede gute Beziehung Konflikte. Dein Kind braucht dich als echte Bezugsperson und dazu gehören auch Konflikte. Oft sind uns Konfliktvermeidungsstrategien älterer Generationen weitergegeben worden und so vertraut, dass sie uns nicht bewusst sind. Gemeinsam begebe ich mich mit dir auf Spurensuche. Du wirst die ein oder andere dir vertraute Vermeidungsstrategie finden. Wichtig ist mir dabei, dass wir mit warmen und wohlwollenden Herzen unterwegs sind. Es geht nicht um Beschämung, sondern um Erkenntnis. Sie wird dir dabei helfen, bewusst neue, beziehungsvolle Wege mit deinem Kind zu gehen.

Harmonie idealisieren

Das Phänomen der Idealisierung von Harmonie ist alt und allgegenwärtig. Wir finden es z. B. in der Religion, in der Kunst und in der Literatur. Die Familie, in vielen Religionen als kleines Heiligtum angesehen, steht im Mittelpunkt: Mutter und Vater ehren, für die Familie einstehen, und das bitte immer in Harmonie.

„Das Ideal von Harmonie nimmt die Luft zum Atmen für die lebendige Beziehung zu deinem Kind."

Gerade der Rolle der Mutter wird eine besondere Aufopferung und Verantwortung zugeschrieben. Die patriarchalen Strukturen und Denkmuster geben uns weiblichen Eltern immer noch eine ganz besondere Portion an Erwartungen mit auf den Weg. Klar, als Mann darf man auch mal laut werden, kein Problem, aber als Frau soll man doch bitte freundlich lächeln und mit Leichtigkeit alle Herausforderungen des Familienlebens meistern. Und nebenbei soll man ja auch noch beruflich erfolgreich sein und gerne auch in die Jeans von vor den Kindern passen.

Gleichzeitig ist das Verständnis von Harmonie auch sehr kulturell geprägt. In Südeuropa oder Lateinamerika ist viel mehr akzeptiert als bei uns, dass es Konflikte gibt und dass sie laut sein dürfen. In Griechenland beispielsweise gehören solche Konflikte mehr zum Familienleben als hier in Deutschland. In einigen Ländern in Asien steht der Familienfrieden hingegen noch viel deutlicher über dem Wohl des Einzelnen, eine harmonische Familie ist ein großes Ideal.

Harmonie und ein zugewandtes Miteinander sind natürlich wertvoll. Problematisch wird es allerdings, wenn Harmonie so idealisiert wird, dass Konflikte verleugnet und wichtige Bedürfnisse verdrängt werden, um dieses Ideal nicht zu gefährden.

Denn nur, weil Konflikte geleugnet werden, heißt das nicht, dass sie nicht da sind. Die Konflikte bestehen trotzdem, nur schwelen sie auf eine verdeckte Art und Weise, die viel mehr Druck und Spannung erzeugt und für unsere Kinder besonders belastend ist. Sie spüren den Konflikt, der in der Luft hängt, doch es gibt keine Worte oder keinen Raum dafür und es entstehen „Double-Bind-Aussagen", die dazu führen können, dass Kinder ihrer eigenen Wahrnehmung nicht mehr vertrauen.

DOUBLE-BIND-AUSSAGE

Eine Double-Bind-Aussage ist eine Botschaft, die zwei widersprüchlichen Informationen transportiert. Ein Beispiel: Die Mutter ist am Telefon sehr aufgebracht, weint und wird laut. Das Kind kommt und fragt, was los ist. Die Mutter atmet einmal tief durch, setzt ein Lächeln auf und sagt, das Kind solle sich keine Sorgen machen, alles sei in Ordnung.

Das Kind nimmt in diesem Moment zwei widersprüchliche Informationen wahr. Auf der einen Seite sieht und spürt es, dass mit der Mutter etwas nicht stimmt, dass sie traurig und verärgert ist. Auf der anderen Seite hört es die Worte, dass alles gut ist. Das sind zwei Botschaften, die sich für das Kind widersprechen. Kinder neigen jedoch dazu, ihren Eltern mehr zu glauben als sich selbst – das ist evolutionär bedingt und sichert das Überleben. Wenn Kinder oft doppelten Botschaften ausgesetzt sind, entwickelt sich ein Misstrauen in die eigene Wahrnehmung. Generell entwickelt sich dann eine innere emotionale Unsicherheit, welchem Gefühl und welcher Aussage sie trauen können und welcher nicht.

Wenn Eltern emotional belastet sind, diese Belastung nicht weitergeben und auch nicht verunsichern wollen, helfen Sätze wie: „Ja, bei dem Anruf bin ich gerade sehr wütend geworden, jetzt brauche ich ein Glas Wasser und bespreche das nachher noch einmal in Ruhe mit Silke, und bin dann zuversichtlich, eine Lösung zu finden."

Die starke Idealisierung von Harmonie ist ein Phänomen, das auch bei Eltern zu finden ist, die ihre Kinder bedürfnis- und bindungsorientiert erziehen wollen. Eltern wollen ihre Kinder nicht mehr bestrafen, nicht mehr abwerten: Sie wollen mit ihren Kindern auf Augenhöhe sein. Doch heißt das, dass es keine Konflikte mehr geben darf?

Im Gegenteil, das ist ein sehr häufiges Missverständnis: Gerade in Familien, die individuell auf die Bedürfnisse aller Familienmitglieder eingehen, gibt es Konflikte. Wenn nicht mehr starre Regeln und Hierarchien das Zusammenleben bestimmen, kommt es viel häufiger vor, dass die Anliegen und Bedürfnisse verschiedener Familienmitglieder nebeneinanderstehen. Konflikte sind also kein Zeichen von Versagen, sondern im Gegenteil signalisieren sie die Bereitschaft, Altes, das nicht geholfen hat, hinter sich zu lassen und offen zu sein für neue, friedvollere Wege.

Wer die alten Methoden von Bestrafung und Beschämung nicht mehr anwenden will, braucht eine neue Auseinandersetzung und ein Abwägen, um gemeinsam gute Wege und einen konstruktiven Umgang mit Konflikten zu finden.

Auch ich bin zu Beginn meiner Elternschaft in diese Falle getappt. Mein Ideal war: keine Machtkämpfe, keine Strafen und immer Friede, Freude, Eierkuchen. Gab es dann doch mal einen Konflikt, fühlte ich mich als schlechte Mutter. So machte ich in der schönsten gewaltfreien Sprache und im friedlichsten Ton mit viel Verständnis und Erklärungen „alles richtig", und mein Kind wollte trotzdem nicht freiwillig vom Spielplatz nach Hause gehen. Boah, war das frustrierend. Und das ist das große Missverständnis:

- **Bedürfnisorientierung heißt nicht Konfliktfreiheit.**
- **Zugewandtheit bedeutet nicht ständige Harmonie.**
- **Auf Augenhöhe heißt nicht führungslos.**

Wenn nicht mehr starre Hierarchien und Regeln das Zusammenleben in der Familie bestimmen, sondern die Bedürfnisse aller Familienmitglieder wichtig werden, kommt es häufiger zu Konflikten. Das darf so sein, Konflikte sind nicht die Gefahr für unser Zusammenleben. Im Gegenteil, sie sind Chancen für echte, stabile und vertrauensvolle Beziehungen. Es geht nur darum, Konflikte konstruktiv zu lösen.

Durch die starke Idealisierung von Harmonie entsteht auch die Angst, nicht „dazuzugehören“ oder Abwertung zu erfahren, wenn man diesem Ideal nicht entspricht.

So wie religiöse Familienbilder und patriarchale Strukturen diese Idealisierung hochhalten, sind es auch Filme und soziale Medien, die uns deutlich vor Augen führen, dass wir im Alltag kläglich scheitern, wenn wir Konflikte mit unserem Kind haben, während alle anderen scheinbar mühelos diese harmonische Beziehung zu ihrem Kind führen. Aus diesem Gefühl heraus, als einzige Eltern zu versagen und mit den Konflikten allein zu sein, entsteht das Phänomen, dass alle schamhaft schweigen, niemand darüber spricht und alle die Konflikte verleugnen. Dabei ist ein offener und ehrlicher Umgang mit Konflikten so hilfreich. Konflikte mit dem Kind sind normal und kein Zeichen von Versagen.

In meinen Gruppenprogrammen „Expedition ins Vertrauen – bindungsstark Familie sein“, in dem wir einen sehr offenen und wertschätzenden Umgang mit Konflikten und dem Unperfekten haben, ist es für die Familien eine große Erleichterung, aus diesem Ideal herauszukommen und sich mit den Konflikten nicht mehr allein zu fühlen. Also lasst uns offen darüber reden: Ja, ich habe Konflikte mit meinem Kind und ja, das ist okay.

Wie geht es dir? Erkennst du dich auch in diesem idealisierten harmonischen Familienbild wieder, in dem Konflikte mit deinem Kind keinen Platz haben?

Vielleicht nimmst du gerade aus diesem Kapitel mit, dass du heute oder morgen, wenn du mit einem anderen Elternteil anderer Kinder in Kontakt bist, offen über einen Konflikt mit deinem Kind sprichst. Lass dich überraschen! Ich bin mir ziemlich sicher, dass du nicht abgewertet oder ausgegrenzt wirst, sondern dass eine Verbindung entsteht.

Auf einen Blick

Konfliktfreiheit als Utopie: Das Ideal der Konfliktfreiheit ist utopisch und schadet der Eltern-Kind-Beziehung mehr, als es ihr nützt.

Kulturelle Unterschiede: Es gibt große kulturelle Unterschiede in der Bewertung von Harmonie und Konflikt.

Doppelte Bedeutung verunsichert: Häufige Double-Bind-Aussagen können langfristig dazu führen, dass dein Kind sich selbst nicht mehr vertraut.

Falsch verstandenes Ideal: Bedürfnisorientierung bedeutet nicht Konfliktfreiheit, im Gegenteil: Dadurch, dass alle Bedürfnisse in der Familie ernst und wahrgenommen werden und alte Strafen und Abwertungen nicht mehr akzeptiert werden, kommt es regelmäßig zu Konflikten.

Gesellschaftlicher Druck: Patriarchale Strukturen, religiöse Familienbilder, Filme und Social Media unterstützen das falsche Bild der „harmonischen Familie" und bauen einen großen Druck auf.

Schweigen brechen: Mach es anders, rede offen und wertschätzend über Konflikte zwischen dir und deinem Kind, das hilft, uns von dem Ideal der Konfliktfreiheit zu lösen.

Emotionale innere Not entwickeln

Ein Konflikt mit dem eigenen Kind ist zweifellos unangenehm. Vor allem, wenn man unter Zeitdruck steht, andere Pläne hat oder sich in einem Umfeld befindet, in dem von Kindern erwartet wird, dass sie funktionieren.

Für manche Eltern sind Konflikte jedoch nicht nur anstrengend, sie bringen sie in eine innere Not, denn scheinbare Sicherheit gibt es für sie nur in perfekter Harmonie. Der Begriff dafür ist „Harmoniesucht". **Emotionale Not** kann man unter anderem an folgenden Anzeichen erkennen:

- Die Atmung wird schneller.
- Die Stimme wird höher.
- Die Schweißproduktion nimmt zu.
- Die Denkmuster werden starrer.
- Gedankenkarussells nehmen überhand.
- Katastrophisierende Gedanken nehmen zu.
- Die Mimik ist stark eingeschränkt.
- Der Körper fühlt sich starr an.
- Handlungsunfähigkeit breitet sich aus.

Diese emotionale Belastung kann verschiedene Ursachen haben und verschiedene Denkmuster können dieser Belastung zugrunde liegen.

- **Was denken die anderen** Scham und Angst vor Ausgrenzung herrschen vor, der innere Druck, dem scheinbaren Ideal einer harmonischen Familie zu entsprechen, die Angst, negativ aufzufallen oder der Druck, Anerkennung von außen zu bekommen, sind Teil der inneren Not. In diesem Zustand sind die Eltern nicht mehr in der Lage, das Kind, sich selbst oder den Konflikt zu sehen. Die Scham und die Angst vor Ausgrenzung sind so dominant, dass sie eine erfolgreiche Konfliktbearbeitung verhindern.

- **Das darf nicht sein** Manche Eltern sind in einem Umfeld aufgewachsen, in dem es gefühlt keine Konflikte geben durfte. Konflikte bedeuteten Gefahr. Manche Erwachsene erinnern sich konkret daran, manchmal ist es nur ein vages Gefühl. Oft ist mit dieser Erfahrung auch die Reaktion verbunden, eigene Bedürfnisse und Anliegen nicht ernst zu nehmen, um möglichen Konflikten aus dem Weg zu gehen. In der Kindheit wurde die Botschaft vermittelt, dass man ein gutes Kind ist, wenn man seine Anliegen zugunsten der Konfliktfreiheit unterdrückt. Oft entwickeln Eltern dann folgendes Muster: Ich bin ein guter Elternteil, wenn ich meine Anliegen nicht ernst nehme.
- **Konflikte sind eine Gefahr** Emotionale Not kann auch entstehen, wenn man bereits erlebt hat, dass sich Konflikte zu gewalttätigen Auseinandersetzungen entwickeln, körperlich und/oder emotional, und somit Konflikte in der Vergangenheit eine reale Gefahr für die Personen waren. Vielleicht sind Konflikte in der Herkunftsfamilie oder in früheren Beziehungen so eskaliert, dass sie körperlich und/ oder emotional gewalttätig wurden. Schläge, Abwertungen, Demütigungen oder Liebesentzug hinterlassen tiefe Spuren und führen dazu, dass ein harmlos erscheinender Konflikt mit deinem Kind bei dir eine Stressreaktion auslösen kann.

In Familien, in denen das Thema Sucht präsent ist, kommt es häufig zu einer Kombination bei den Konfliktvermeidungsstrategien. Die Sucht wird lange verleugnet und es wird viel Aufwand betrieben, um jeglichen Konflikt zu vermeiden. Ein vorherrschendes Gefühl prägt: Es darf keinen Konflikt geben. Und dann kommt es doch zum Konflikt und dieser Konflikt eskaliert und ist gefühlt von 0 auf 100 eine körperliche und/oder emotionale Gefahr.

- **Ich kann das nicht** Kinder, denen jeder Konflikt sofort abgenommen wurde, können nie eigene Handlungskompetenzen entwickeln. Wenn immer jemand da ist, der sofort eine Lösung hat, sind diese Kinder hilflos, wenn sie als Erwachsene auf Konflikte stoßen. Eltern, denen es so geht, können genau das erklären: Dass sie hilflos sind, weil ihnen die innere Sicherheit und die Erfahrung im Umgang mit Konflikten fehlt.

- **Übertragung von Gefühlen** Gefühle können übertragen werden und wir können Gefühle von anderen übernehmen. Vielleicht kennst du das auch: Jemand aus deinem Umfeld, der dir nahe ist, spürt ein Gefühl sehr stark, vielleicht Angst, und du spürst sie dann auch. Wenn du nicht aufpasst, glaubst du sogar, es wäre deine eigene Angst. In den letzten Jahren habe ich in meiner Arbeit immer wieder ein Phänomen beobachtet: Die eigentliche Not im Konflikt liegt gar nicht darin, dass das Kind wütend wird oder man die eigene Wut nicht händeln könnte, sondern der Druck resultiert daraus, dass die Partnerperson Schwierigkeiten mit dem Konflikt und den starken Gefühlen hat und diese Not/Wut sich überträgt. So entsteht ein hoher innere Druck, um die Partnerperson emotional zu schützen, an einer Stelle, an der eigentlich Gelassenheit und Zuversicht fürs Kind notwendig wären. Dieser übertragene Druck ist dann das eigentliche Thema. Der Konflikt mit dem Kind ist nicht die größte Schwierigkeit. Aber die Spannung, wie der andere Elternteil (evtl. auch Großeltern oder andere Verwandte) auf diese Situation reagiert, kostet so viel Energie, dass der Konflikt mit dem Kind nicht liebevoll gelöst werden kann.

EMOTIONSMANAGEMENT DER ELTERN

Es ist Essenszeit, die Kinder spielen noch mit den Nachbarskindern im Garten. Ihre Mutter Sara spürt eine Unruhe in sich, es wäre an der Zeit, die Kinder zu rufen. Doch was, wenn es wieder Streit gibt?

Wahrscheinlich werden die Kinder nicht kommen und Sara will nicht mit Strafe drohen, wünscht sich eine friedliche Lösung und hat gleichzeitig Angst, wie David, ihr Partner und Vater der Kinder, reagieren wird. Wenn die Kinder laut sind und nicht zuhören, wird David oft wütend, und zum Konflikt mit den Kindern kommt der Streit zwischen den Eltern. Diese Situation macht Sara hilflos und bringt sie in innere Bedrängnis. Äußerlich ist noch nichts passiert und Sara steht bereits unter Strom, ihr Herzschlag ist erhöht und ihre Hände sind ganz schweißig. Am Ende kommt es, wie es kommen muss: Die Kinder reagieren auf das erste Rufen nicht, Sara steht erschöpft und hilflos da, während David wütend wird.

Solche Situationen kommen in der Familie immer wieder vor und führen zu einer angespannten Stimmung unter den Eltern. Sara übernimmt die emotionale Verantwortung in der Familie, was sie sehr erschöpft. Für Sara und David sind es die Konflikte, die das Familienleben belasten. Aus meiner Sicht aber ist es der Umgang mit den Emotionen rund um die Konflikte. Das Problem ist nicht, dass die Kinder abends nach dem ersten Rufen nicht aufhören zu spielen, sondern das Problem sind die emotionale Not der Eltern und die Dynamik, die daraus entsteht.

Kennst du diese innere Not? Eines ist sicher: Du bist damit nicht allein. Und es hilft nicht, wenn du dich für diese Not und diese Gedanken abwertest. Es hilft, wenn du diese innere Not erkennst und dir erlaubst, sie wahrzunehmen.

Wichtig ist Klarheit: Dein Kind ist nicht die Ursache für deine innere emotionale Not, dieses Gefühl ist in einem anderen Zusammenhang entstanden. Der Konflikt mit deinem Kind trifft dich im Moment nur an dieser Wunde, die eben noch nicht stabil verheilt ist. Gib nicht deinem Kind die Schuld an deiner Not und auch nicht dem aktuellen Konflikt. Erinnere dich daran, dass diese emotionale Not alt ist, aus einer anderen Situation oder aus einem anderen Kontext stammt. Heute, im Hier und Jetzt, darfst du den Konflikt mit deinem Kind haben, er bedroht weder euer Zusammenleben noch eure psychische Gesundheit oder die Bindung zu deinem Kind. Dieser Konflikt ist vielleicht anstrengend und lästig, doch er ist sicher, du bist jetzt in Sicherheit. Und genau dieses Gefühl darfst du deinem Kind vermitteln.

Auf einen Blick

Mehr als Anstrengung: Konflikte sind in der Regel anstrengend und herausfordernd, doch für manche lösen Konflikte auch eine innere emotionale Not aus.

Alter Schmerz: Wenn man genau hinschaut, entsteht diese emotionale Not nicht aus dem aktuellen Konflikt, sondern alte Erfahrungen oder Gedankenmuster führen zu dieser inneren Not.

Weder der Konflikt noch dein Kind sind der Grund: Dein Kind ist nicht verantwortlich für deine innere Not, dein Kind berührt dich nur an einer noch nicht ausreichend verheilten Wunde.

Vergangenheit und Gegenwart trennen: Eine bewusste Sortierung und Einordnung dieser emotionalen Not hilft dir, diese Not von dem aktuellen Konflikt zu trennen und emotionale Not nicht ungefiltert an dein Kind weiterzugeben.

Übertragung von Gefühlen: Manchmal ist es gar nicht die eigene emotionale Not, die man in der Konfliktsituation wahrnimmt, sondern es sind Gefühle von anderen Personen. Gefühle können sich übertragen. So passiert es manchmal, dass du versuchst, die Verantwortung für die Gefühle von einer anderen Person zu übernehmen und z. B. den Konflikt mit deinem Kind zu vermeiden, weil du spürst, jemand anders im Raum (Partner*in, Großeltern) kann den Konflikt nicht aushalten.

Blockieren, ignorieren und relativieren

Es gibt viele Strategien, dem eigentlichen Konflikt aus dem Weg zu gehen. Wir schauen sie uns in diesem Kapitel gemeinsam an und vielleicht erkennst du dich an der einen oder anderen Stelle wieder, vielleicht auch nur in Teilaspekten.

Wichtig ist: Ich will hier nicht bestimmte Handlungsmuster verurteilen. Ich gehe davon aus, dass die Strategie, die du jetzt anwendest, die beste ist, die dir im Moment zur Verfügung steht. Doch wenn du bereit bist, Muster zu erkennen, die deinen Konflikten langfristig nicht guttun, dann hast du die Chance, daraus zu lernen, aus alten Mustern auszubrechen, Konflikte als Chance zu sehen und einen konstruktiven Umgang mit ihnen zu finden.

Wenn du dich in der ein oder anderen Vermeidungsstrategie erkennst, wirst du ziemlich sicher auch die ein oder andere dir nahestehende Person noch deutlicher darin erkennen. Konfliktmuster werden weitergegeben und prägen fürs Leben, daher ist es umso wichtiger und wertvoller, dass du dich hier mit diesem Buch auf den Weg machst, einen hilfreichen Umgang mit Konflikten zu finden. Ein guter Umgang mit Konflikten heißt auch nicht, dass du jeden Konflikt aufnehmen sollst. An einigen Stellen ist es durchaus sinnvoll, einen Konflikt zur Seite zu legen. Wichtig dabei ist nur, dass du diese Entscheidung bewusst und im Sinne eurer Beziehung treffen kannst, und nicht aus Angst aufgrund von Vermeidungsstrategien oder alten Mustern folgend.

Beleidigt sein

Wenn sich Eltern im Konflikt mit ihrem Kind in ihre eigenen Emotionen verstricken und z. B. im Beleidigtsein stecken bleiben, sind sie nicht mehr in einer konstruktiven Interaktion mit ihrem Kind. Durch das Verharren im Beleidigtsein blockieren sie eine konstruktive Bearbeitung des eigentlichen Konflikts.

TATSÄCHLICHE URSACHEN VON KONFLIKTEN

Melissa erzählt mir im Coaching von einem Konflikt am Abend: Ihr dreijähriger Sohn weigerte sich, zum Zähneputzen zu kommen. Das hat sie sehr hilflos gemacht, die Gefühle übermannten sie und sie fühlte sich gekränkt und beleidigt. Den ganzen Tag hatte sie sich liebevoll um die Wünsche und Bedürfnisse ihres Kindes gekümmert, war nach der Arbeit noch schnell in die Drogerie gefahren und hatte ihm seine Lieblingszahnpasta gekauft. Jetzt ließ er sie im Stich, ließ sie extra auflaufen. Nein, da ist sie draußen, so nicht mit ihr! Das sind die Gefühle und Gedanken, von denen sie mir erzählt.

Das Gefühl der Kränkung ist so groß, dass sie für den eigentlichen Konflikt gar keine Kapazität mehr hat. Warum kommt ihr Sohn gerade jetzt nicht zum Zähneputzen und was könnte ihm dabei helfen? Stattdessen stehen die gefühlte Ablehnung und die Kränkung im Mittelpunkt.

Es ist nicht hilfreich, beleidigt zu verharren. Die Erwachsenen sind für die Qualität des Zusammenlebens in der Familie verantwortlich und die Frage an dieser Stelle wäre, was das Kind davon abhält, zum Zähneputzen zu kommen.

Dass ein dreijähriges Kind am Abend bei Zähneputzen nicht mehr kooperiert, ist ein absolut entwicklungsgerechtes Verhalten. Vielleicht fällt es ihm schwer, sich vom Tag zu verabschieden, vielleicht braucht es mehr Führung, vielleicht auch mehr Raum für Selbstständigkeit. Vielleicht hat es noch zu viel Energie und Stress im System und braucht etwas Stressabbau und Hilfe beim Runterkommen, oder vielleicht ist es auch schon zu müde zum Zähneputzen. Vielleicht vermisst es auch gerade eine andere Bindungsperson oder es hat gespürt, dass Melissa besonders müde oder vielleicht abwesend war. Vielleicht steckt auch ein ganz anderes Gefühl oder Bedürfnis dahinter, beim Kind oder bei Melissa.

Doch all diesen Fragen und Überlegungen, um den Kern des Konflikts zu verstehen, konnte Melissa nicht nachgehen. Es ging nicht mehr um den eigentlichen Konflikt, sondern er wurde auf die persönliche Ebene verschoben. Durch das Gefühl des Beleidigtseins, in dem sie verharrte, machte sie „zu".

Unter den Teppich kehren und leugnen

Eine andere Strategie, sich nicht mit dem Konflikt auseinandersetzen zu müssen, ist, den Konflikt zu ignorieren, ihn unter den Teppich zu kehren.

Dabei geht es mir nicht darum, jede schwierige Situation mit deinem Kind bis ins kleinste Detail zu analysieren. Doch wenn Themen immer wieder auftauchen, ist es wichtig, sich damit auseinanderzusetzen. Welche Anliegen, welche Gefühle und Themen führen zu diesem Konflikt? Werden Konflikte systematisch als Bewältigungsstrategie immer wieder geleugnet, geht Beziehungsqualität verloren. Das ehrliche Interesse: Wie geht es dir? Was bewegt dich gerade?

GELEUGNETE KONFLIKTE IGNORIEREN DIE ANLIEGEN DAHINTER

Jedes Mal, wenn Jens in das Zimmer seines Kindes Paul geht, beschwert der sich, dass Jens nicht anklopft. Diese Beschwerde geht an Jens vorbei: Das ist doch nicht so schlimm, das Kind soll sich nicht so anstellen, Jens will doch nur kurz etwas sagen, zum Essen rufen, den Radiergummi auf den Schreibtisch legen.

Beim Anziehen der Jacke macht Jens noch schnell den Reißverschluss zu und wischt Paul noch eilig die Nase ab, denn die läuft gerade – muss das sein? Dass das Kind protestiert, nimmt er nicht ernst, das ist halt so bei Kindern und schließlich müssen sie jetzt schnell los – und mit so einer Rotznase ... Nicht, dass das Kind den Rotz noch auf die Jacke schmiert.

Weißt du, wenn der eine oder andere Krümel unter dem Teppich liegt, ist das kein Problem, wenn dort aber Legosteine liegen, wie bei Jens und seinem Kind, dann kann das schon wehtun und man kann ernsthaft stolpern. In dem gerade genannten Beispiel geht es sogar um ein sehr wichtiges und sensibles Thema, nämlich um das Thema der persönlichen Grenzen.

Wenn du die persönlichen Grenzen des Kindes immer wieder ignorierst und nicht ernst nimmst, dann belastet das die Beziehung viel mehr, als wenn du dich dem Konflikt stellst und ernsthaft mit deinem Kind über das Thema Grenzen sprichst. Jens könnte, um im Beispiel zu bleiben, sein Kind ernst nehmen und z. B. Anklopfen, bevor er in das Zimmer seines Kindes geht.

So wie Jens durch das Verleugnen des Konflikts die Anliegen des Kindes ignoriert, kann es auch umgekehrt sein. Dass man durch das Ignorieren von Konflikten seine eigenen Grenzen, Bedürfnisse und Anliegen immer wieder übergeht, bis es richtig weh tut.

GESTALTE BEZIEHUNG, INDEM DU DICH ZEIGST

Tanjas Kind wünscht sich, dass sie abends zu ihm ins Bett kommt, bis es eingeschlafen ist. Sie möchte ihrem Kind den Wunsch erfüllen und vor allem jetzt am Abend nicht noch einen Konflikt, so kurz vorm ins Bett gehen. Doch wenn sie ehrlich ist, dann ist es ihr zu viel. Sie bekommt Rückenschmerzen vom eingeengten Liegen, schläft zusätzlich meistens ungewollt ein und hat dadurch keine Zeit mehr für sich, die ihr eigentlich wichtig ist.

Am nächsten Tag hat sie dann nicht nur Schmerzen, sondern merkt auch, wie ihr diese abendliche Zeit fehlt, in der sie sich ausschließlich nach sich selbst richten kann, ohne Rücksicht nehmen zu müssen. Doch jeden Abend kommt es doch wieder zur gleichen Situation: Sie legt sich mit ins Bett und wacht mit Rückenschmerzen auf.

In diesem Beispiel ist auch gut sichtbar, dass Konflikte einen nicht zum Entweder-oder zwingen, sondern dass es viele Wege des Sowohl-als-auchs gibt. Es geht nicht darum, dass Tanja jetzt einfach das Kind allein einschlafen lassen sollte, ungeachtet seiner Bedürfnisse nach Sicherheit und Geborgenheit. Doch ich möchte auch deutlich sagen, dass es wichtig ist, dass Tanja auch ihre eigenen Bedürfnisse mit in die Waagschale legt. Beide Anliegen haben ihre Berechtigung und durch einen zugewandten und wertschätzenden Umgang mit dem Konflikt ist es möglich, Strategien zu finden, die die Bedürfnisse aller Beteiligten im Blick haben. Doch dafür ist es notwendig, offen mit dem Problem umzugehen: Das Kind will dich in seinem Bett haben – du bekommst Rückenschmerzen davon. Das Kind braucht Sicherheit und Verbindung und du eine Position, in der dir der Rücken nicht schmerzt.

- Vielleicht kann das Kind dann zu dir ins Bett kommen?
- Vielleicht kann das Kind von einer anderen Bezugsperson ins Bett gebracht werden?
- Vielleicht kannst du dich neben das Bett setzen und dein Kind streicheln?
- Oder du kannst ein Lied oder eine Fantasiegeschichte aufnehmen, die dein Kind dann für sich hören kann?

Es gibt Möglichkeiten, den Bedürfnissen von beiden gerecht zu werden, wenn man den Konflikt ernst nimmt und nicht unter den Teppich kehrt. Denn wenn zu viele Konflikte unter dem Teppich liegen, kommen die Situationen, in denen man darüber stolpert und Konflikte plötzlich groß und nicht bewältigbar erscheinen.

Aussitzen und eine Positionierung vermeiden

- Dein Kind möchte zum Kindergeburtstag eines Freundes oder einer Freundin, doch du magst die Familie nicht oder willst den Kontakt aus anderen Gründen nicht unterstützen und lässt den Termin einfach verstreichen und dein Kind „verpasst“ versehentlich den Kindergeburtstag?

- Dein Kind will mehr fernsehen, als dir lieb ist, du ziehst den Stecker und erklärst den Fernseher für kaputt?
- Dir gefallen die rosa Schuhe nicht, die dein Kind von der Oma bekommen hat, also verschwinden sie im Keller und du weißt offiziell auch nicht, wo sie geblieben sind?

Ja, manchmal scheint es verlockend, sich aus dem Konfliktthema zurückzuziehen und es ist sicher auch an der einen oder anderen Stelle legitim, den scheinbar einfacheren Weg zu gehen. Doch nutzt man diese Konfliktvermeidungsstrategie regelmäßig, zieht man sich damit aus der Beziehung zurück und lässt sein Kind hilf- und kontaktlos zurück.

MEINE PERSÖNLICHE ERINNERUNG

Ich habe dazu selbst eine Erinnerung aus meiner Kindheit. Meine Eltern kommen aus unterschiedlichen Kulturkreisen und ab und zu bekam ich von der Verwandtschaft meines Vaters Schuhe und Kleider, die meiner Mutter gar nicht gefielen oder nicht ihren Gesundheits- und Sicherheitsansprüchen genügten. „Komischerweise" waren diese Sachen oft „plötzlich verschwunden". Das war dann so. Allerdings habe ich als Kind gespürt, dass mehr dahintersteckt, nur war das für mich nicht greifbar, denn offiziell waren sie einfach verschwunden. Genau diese Kombination hat bei mir ein sehr hilfloses Gefühl hinterlassen.

Meine Mutter wäre für mich greifbarer gewesen, wenn sie Stellung dazu bezogen hätte, dass sie zum Beispiel die Schuhe einfach ungesund für meine Füße findet. Vielleicht hätten wir Kompromisse gefunden, vielleicht auch nicht, doch dann hätte ich auf meine Mutter sauer sein können. So war die Situation für mich unklar und meine Mutter mit ihren Werten für mich nicht greifbar. Vielleicht hätten wir auch darüber reden können, dass ich mich auch gerne mit der Kultur meines Vaters identifiziere. Dass sie mir ein Stück weit gefehlt hat, in unserem deutschen Leben hier, und dass diese Kleidung für mich auch ein Stück Kultur meines Vaters war.

Das Beispiel zeigt, dass unabhängig davon, ob ich diese Schuhe hätte tragen dürfen oder nicht, ein offener Umgang mit diesem Konflikt uns beiden gutgetan hätte. Er hätte uns die Möglichkeit gegeben, in einen offenen Austausch zu gehen, in dem sich jede mit ihrem Anliegen hätte zeigen können.

Stattdessen hinterließ dieses „Die Schuhe sind komischerweise einfach verschwunden, ich weiß auch nicht wohin" bei mir ein unklares Gefühl der Hilflosigkeit und Einsamkeit.

Den „man" vorschieben

Genauso, wie man durch Aussitzen vermeiden kann, sich selbst zu positionieren, kann man das gute „man" dafür nutzen.

- *„Man zappelt nicht am Tisch herum."*
- *„Man kann nicht mit so einem Pullover in die Schule gehen."*
- *„Man nimmt dem Geschwisterkind nicht einfach das Spielzeug aus der Hand."*

Auch mit diesem „man" ziehst du dich aus dem Kontakt zurück, denn ganz ehrlich: Dieses „man" hat keine Bedeutung für dein Kind.

Doch du und deine Werte habt eine Bedeutung für dein Kind und eure Beziehung prägt dein Kind auf seinem eigenen Weg. Trau dich also, in die Beziehung zu gehen und deinem Kind zu sagen, warum es dir wichtig ist, dass es ruhig am Tisch sitzt, und sei bereit, dich dafür zu öffnen, warum es ihm schwerfällt, hier stillzusitzen. Reflektiere und zeige, warum es dir schwerfällt, dass dein Kind mit diesem Pullover in die Schule geht, oder sei auch ehrlich zu dir selbst, dass dies deine eigenen Themen und Ängste sind, und öffne dich dafür, warum dein Kind gerade jetzt diesen Pullover anziehen möchte.

- *Du bist ganz unruhig, das lässt mich auch ganz zappelig werden, wenn du gerade zappeln musst, spring doch rüber in dein Zimmer. Ich möchte, dass du hier am Tisch ruhiger sitzen kannst.“*
- *„Dein Pulli hat Flecken, mir wäre es wichtig, dass du heute einen sauberen Pulli in die Schule anziehst.“* Sei hier offen für die Anliegen des Kindes. Ob es einen Pulli mit oder ohne Flecken für die Schule wählt, gehört in den Verantwortungsbereich deines Kindes. Du kannst dein Wunsch äußern, aber bitte übe keinen Druck aus.
- *„Mir ist es wichtig, dass hier niemandem Spielzeug aus der Hand genommen wird, dir nicht und deinem Bruder auch nicht. Möchtest du deinem Bruder vielleicht etwas zum Tauschen anbieten?“*

In den Beispielen zeigt sich jeweils der Elternteil in seinem Anliegen und bietet gleichzeitig eine erwünschte Handlungsstrategie an. So kann ein ehrlicher Kontakt gelebt werden, zu dem eben auch Konflikte gehören.

Angreifen

Angriff ist auch eine Strategie, um sich nicht mit dem eigentlichen Konflikt auseinandersetzen zu müssen, egal wie groß oder klein er ist.

EIN ANLIEGEN IST KEIN ANGRIFF

Tim hat seinem Sohn Konstantin gerade ein Käsebrot für die Pause vorbereitet. Doch der wünscht sich lieber ein Salamibrot. Tim fühlt sich durch den Wunsch des Kindes angegriffen. Er hat sich Mühe gegeben und jetzt ist es doch nicht gut? „Warum brauchst du immer eine Extrawurst? Nie kannst du mal zufrieden sein! Wenn du dich nur beschweren kannst, kannst du dir dein Brot auch gleich selbst machen." Oder auch: „Kannst du nicht einmal zufrieden sein, immer hast du etwas auszusetzen?" Das können Sätze sein, mit denen Tim in den Kampf geht und zum Ausdruck bringt, dass er sich durch den Wunsch seines Kindes angegriffen fühlt.

Die Wörter „nie“ und „immer“ behindern einen konstruktiven Konflikt. Sie verallgemeinern und differenzieren nicht und führen somit Konflikte zur Eskalation. Der Kampf um das Käsebrot lenkt vom eigentlichen Konflikt und von den dahinterliegenden Themen ab. Vielleicht schmeckt dem Kind der Käse einfach nicht, vielleicht haben alle anderen Salami und es möchte gerne das gleiche Essen haben wie die Freund*innen oder, oder, oder. Auch hier kann wieder eine Vielzahl von Themen hinter dem Konflikt liegen.

Ich will damit nicht sagen, dass es die einzige Lösung ist, dass Tim seinem Kind das gewünschte Salamibrot machen muss. Doch gerade, wenn sich ähnliche Situationen häufen, ist es sinnvoll, genauer hinzuschauen und sich mit dem Thema dahinter zu beschäftigen. Denn vielleicht ärgern sich die Freund*innen des Kindes tatsächlich über das Brot oder den Geruch des Käses und dann kann man mit dem Kind über Gruppendynamik, Freundschaften und Co. sprechen und es entsteht Verbundenheit statt Ablehnung im Kampf.

Relativieren

Relativierung von Konflikten bedeutet, die Ernsthaftigkeit eines Konflikts herunterzuspielen oder seine Bedeutung zu verringern.

Gibt es beispielsweise oft heftige Geschwisterkonflikte zwischen deinen Kindern und besonders ein Kind scheint sich ständig mit seinem Geschwister zu streiten?

Du könntest das relativieren, indem du denkst, dass es normal ist, dass sich Geschwister streiten. Doch wenn du nicht genauer hinschaust, welche Gefühle und Bedürfnisse hinter den Konflikten stecken, kann das Relativieren dazu führen, dass der Konflikt und die Themen, die hinter den Geschwisterkonflikten stecken, größer werden.

Oder haut dein Sohn häufig und du tust es damit ab, dass Jungs halt so sind? Ohne das Hauen zu verurteilen, ergibt es auch hier mehr Sinn, den Konflikt ernst zu nehmen und zu schauen, was hinter dem Verhalten verborgen liegt.

Auf einen Blick

Erkennen der eigenen Konfliktvermeidungsstrategien: Viele aus der heutigen Elterngeneration haben Konfliktstrategien von ihrer Herkunftsfamilie übernommen, die nicht hilfreich sind. Da die Konfliktstrategien aus der Kindheit ein ganzes Leben lang prägen, ergibt es Sinn, dass Eltern sich mit ihren eigenen Konfliktvermeidungsstrategien auseinandersetzen, um an ihre Kinder nicht die alten Muster ungefiltert weiterzugeben. Eine offene Auseinandersetzung mit Konflikten bietet die Chance, zu lernen und neue, konstruktive Wege im Umgang mit Konflikten zu finden.

Selbstabwertung vermeiden: Es geht nicht darum, sich für alte Konfliktstrategien abzuwerten. Es geht darum, alte Muster freundlich zu erkennen, um dann bewusst neue Strategien zu finden.

Beleidigt sein: Eltern können in einem Konflikt für ihre Kinder nicht mehr hilfreich sein, wenn sie beleidigt sind und sich in ihren persönlichen Emotionen wie Kränkung und Wut verstricken. Die Erwachsenen tragen die Verantwortung für die Qualität der Konfliktlösung, die sie nicht übernehmen können, wenn sie in ihren eigenen Emotionen wie Wut oder Ärger gefangen sind.

Alles unter den Teppich kehren: Eine weitere Strategie, Konflikte zu vermeiden, besteht darin, sie zu leugnen oder zu ignorieren. Das mag kurzfristig einfach erscheinen, führt aber langfristig dazu, dass die Konflikte an anderer Stelle größer und überraschender wieder auftauchen.

Aussitzen, Positionierung vermeiden: Wenn Eltern sich hinter dem „man“ verstecken oder bewusst eine eigene Positionierung vermeiden, um dem Konflikt aus dem Weg zu gehen, führt dies langfristig dazu, dass der echte Kontakt vermieden wird. Für Kinder ist es wichtig, dass Eltern sich mit ihren eigenen Werten und Anliegen zeigen, auch wenn dies zu Konflikten führt. Sonst bleiben Kinder mit ihren wahren Anliegen und Gefühlen allein.

Konflikte helfen: Konflikte offen und ehrlich zuzulassen und sich ihnen liebevoll und klar zu stellen, sorgt für ein gegenseitiges Verständnis zwischen Eltern und Kind und stärkt ihre Beziehung zueinander.

Alles ganz anders machen wollen

Vielleicht hast du ein Versprechen an dich selbst: Du möchtest es anders machen als deine Eltern. Was du als Kind erlebt hast, möchtest du deinem Kind nicht so weitergeben. Du kennst aus deiner Kindheit den Druck und die hohen Erwartungen an dich, die immer wieder zu Konflikten geführt haben, und genau das möchtest du für dein Kind nicht. Du hast selbst erlebt, wie es ist, nicht akzeptiert zu werden, und du möchtest, dass dein Kind sich bedingungslos geliebt fühlt? Mit diesem Ziel vor Augen hast du womöglich Angst, dass ein Konflikt, eine Auseinandersetzung dazu führen könnte, dass dein Kind sich abgelehnt und ungeliebt fühlt?

Da deine Bedürfnisse in deiner Kindheit keine Rolle gespielt haben und du es anders machen möchtest, als du es erlebt hast, stellst du die Bedürfnisse und das Wohl deines Kindes in den Mittelpunkt. Wenn du dich für deine Anliegen eingesetzt hast, hast du dafür Abwertung, Demütigung, Ignoranz und Gewalt erfahren, und genau das willst du anders machen. Diesen Schmerz und die Einsamkeit deiner Kindheit möchtest du nicht wiederholen und nie wieder fühlen und deshalb machst du es anders; ganz anders.

Dein Wunsch, es anders zu machen, ist wertvoll und wichtig. Doch wenn dieser Wunsch dazu führt, dass du immer das Gegenteil von dem machst, was du erlebt hast, wirst du dein Ziel nicht erreichen. Im Gegenteil: Indem du jedem Konflikt aus dem Weg gehst, um es anders zu machen, vermeidest du echten Kontakt und nimmst dir die Chance, die Anliegen hinter dem Konflikt als wertvollen Beziehungsbaustein zu nutzen.

DEN EIGENEN SCHMERZ IM KIND SEHEN

Sina kennt es aus ihrer Kindheit, dass ihre Anliegen nie gehört wurden. Wenn sie es doch einmal wagte, ihre Meinung zu äußern oder Nein zu sagen, wurde sie ignoriert oder ausgelacht. Oft hat sie sich in solchen Situationen geschämt.

Jetzt ist Sina selbst Mutter und möchte es anders machen. Das Nein ihrer Tochter Lea hat immer oberste Priorität und wird nie infrage gestellt. Das heißt, wenn Lea auf dem Spielplatz bleiben und nicht nach Hause gehen will, dann gilt das. Dass Sina friert und dringend auf die Toilette muss, wird ignoriert.

Mit Spielen und halbherzigen Kompromissen versucht sie hin und wieder, den Heimweg einzuläuten, doch sie traut sich nicht, sich mit ihrem Anliegen zu zeigen, denn das ist für Sina auch heute noch oft mit Scham verbunden.

Wenn Lea heute keine Lust zum Turnen hat, nimmt Sina das hin, obwohl sie sich während der Turnstunde eigentlich mit einer Freundin verabredet und sich schon lange auf das Treffen gefreut hatte. In einem Dialog hätte Sina vielleicht erfahren, dass Lea schon Lust auf Turnen hat, nur noch das gerade begonnene Puzzle fertig machen möchte und sich nicht anders ausdrücken kann, als das Turnen abzulehnen.

Indem du einfach das Gegenteil von dem tust, was du selbst erlebt hast, kümmerst du dich immer und immer wieder um deinen alten Schmerz. Dabei verlierst du jedoch den Blick auf das tatsächliche Anliegen deines Kindes.

Mit diesem Buch nehme ich dich mit auf einen Weg, der mehr Farben als Schwarz und Weiß für dich bereithält. Ich zeige dir, wie du Konflikte führen kannst, damit sie eure Beziehung stärken statt belasten.

Ja, Konflikte sind oft anstrengend, aber sie lohnen sich meistens. Du lernst etwas über dein Kind und über dich selbst. Du wirst die Verletzungen und Erfahrungen deiner Kindheit nicht wiederholen und musst nicht alle Konflikte vermeiden. Lerne mit mir und diesem Ratgeber, dass Konflikte eure Beziehung stärken können und keine Gefahr sind.

Auf einen Blick

Nie wieder: Viele Eltern haben schmerzhafte Erinnerungen an Konflikte mit ihren Eltern aus ihrer Kindheit. Diesen Schmerz und die Hilflosigkeit, die sie selbst erlebt haben, wollen sie nicht an ihr Kind weitergeben und deshalb wollen sie es unbedingt anders machen. Das ist ein wichtiger Schritt.

Anders machen reicht nicht: Wenn anders machen allerdings bedeutet, jedem Konflikt aus dem Weg zu gehen, führt das nicht zu einer vertrauensvollen, offenen Eltern-Kind-Beziehung.

Ein neuer Umgang mit Konflikten: Es geht nicht darum, Konflikte zu vermeiden, um den Schmerz nicht zu reproduzieren, sondern darum, einen neuen und offenen Umgang mit Konflikten zu lernen, ohne Schuld und Scham.

Verschobene Konflikte austragen

Diese Kategorie passt nur halb hierher, denn eigentlich hast du nicht den Konflikt mit deinem Kind vermieden, sondern du hast einen Konflikt an anderer Stelle vermieden, statt ihn zu lösen; und das führt jetzt zu einem Konflikt mit deinem Kind. Du fragst dich vielleicht, wieso.

Gefühle, die wir vermeiden, um den Konflikt zu vermeiden, sind durch die Vermeidungsstrategie nicht einfach weg. Sie sind noch weiter da, vielleicht nicht so offensichtlich, doch sie sind da.

Vielleicht hattest du heute schon einen Konflikt mit deiner Partnerperson und fühlst dich von ihr allein gelassen und nicht genügend unterstützt? Oder vielleicht hat heute bei der Arbeit jemand nicht auf deine Grenze geachtet?

In der eigentlichen Konfliktsituation schiebst du dein Anliegen zur Seite, unterdrückst es und gehst dem Konflikt aus dem Weg. Doch im Kontakt mit deinem Kind nimmst du deine Gefühle und Anliegen wieder wahr und gibst sie an das Kind weiter. So landen deine Gefühle bei deinem Kind und nicht bei der Person, mit der es eigentlich zu dem Konflikt kam.

Vielleicht kennst du solche Situationen, in denen du sehr plötzlich sehr empört über dein Kind bist und viel Frust bei einem eher alltäglichen Konflikt auftauchen?

„Kannst du nicht mal deinen Teller abräumen? Ich muss hier immer alles machen, du könntest ruhig mehr mithelfen“, „Kannst du nicht mal merken, dass es mir zu viel wird? Immer willst du mit mir Lego spielen, dann basteln und jetzt noch baden, was soll ich denn noch alles machen? Kannst du nicht einmal meine Grenzen akzeptieren? Ich kann nicht mehr.“ Wenn dir solche Sätze über die Lippen kommen, dann schau bei dir genau hin: Was ist da eigentlich bei mir los? Was berührt es gerade in dir, dass dein Kind seinen Teller nicht abräumt? Liegt es an dem nicht abgeräumten Teller oder vielleicht auch daran, dass du dich von deiner Partnerperson nicht genügend unterstützt fühlst?

GRENZÜBERSCHREITUNGEN DA ANSPRECHEN, WO SIE PASSIEREN

Nadine ist Ärztin im Krankenhaus und kommt zu mir in die Beratung. Vor allem die Abholsituation nach der Kita sei so anstrengend. Ihre fünfjährige Tochter Nina wolle nicht hören. Es sei jedes Mal ein Kampf und dauere ewig, bis sie aus der Kita kämen. Auch die gemeinsamen Nachmittage seien dann sehr anstrengend, generell beschreibt Nadine ihre Tochter als sehr laut, fordernd und kein Nein akzeptierend.

Im weiteren Verlauf des Gesprächs stellt sich heraus, dass der neue Oberarzt die Arbeitszeiten von Nadine nicht akzeptiert und fast täglich Überstunden fordert und dass sie Aufgaben übernimmt, die in ihrer Arbeitszeit gar nicht zu schaffen sind. In der Klinik versucht Nadine, allen Erwartungen gerecht zu werden, doch wenn sie in den Kindergarten ihrer Tochter kommt, ist sie jedes Mal sehr erschöpft und ausgelaugt.

Später erzählt sie auch, dass ihre eigene Mutter, die im Nachbarhaus wohnt, oft anruft und nur „kurz", aber sofort Hilfe braucht. Wäsche aufhängen, die Kartoffeln aus dem Keller holen oder die Betten neu beziehen. An vielen Tagen ruft auch Tante Ulrike an, die Hilfe mit Überweisungen oder dem Arztbericht braucht.

Plötzlich merkt Nadine, dass es gar nicht so sehr das Verhalten ihrer Tochter ist, das sie so anstrengt, sondern dass es vor allem die anderen sind, die ihre Grenzen nicht respektieren.

Allein das Erkennen und Herausarbeiten dieser Dynamik hilft Nadine, Situationen mit ihrer Tochter differenzierter wahrzunehmen und anders mit Situationen umzugehen, in denen ihre Tochter grenzenlos erscheint. Mit ihrer Mutter und ihrer Tante vereinbart sie feste Zeiten, in denen sie ihnen hilft. Auch das Handy lässt Nadine jetzt bewusst weg, damit sie nicht erreichbar ist, um „schnell mal etwas zu erledigen, aber nur kurz".

Wenn du merkst, dass dich ein anderer Konflikt, ein anderes Thema belastet, sei transparent deinem Kind gegenüber. Sprich mit ihm darüber. Diese Transparenz hilft deinem Kind, dein Verhalten einzuordnen. Kinder beziehen alles sehr schnell auf sich und denken, sie seien schuld an der Anspannung ihrer Eltern.

Beim Transparentmachen ist es wichtig, dass du die Schwere des Themas nicht deinem Kind überträgst, sondern selbst die Verantwortung dafür übernimmst.

Also ignoriere deine Belastung nicht:

- „Ach alles gut, mir geht's prima."
- „Du, bei mir ist alles gut, aber wenn du die ganze Zeit XY, dann ist es ja kein Wunder, dass ich so genervt bin."

Übergib die Belastung aber auch nicht an dein Kind:

- „Weißt du, auf der Arbeit war mein Kollege gemein zu mir, jetzt geht es mir richtig schlecht. Kannst du dir vorstellen, wie schlecht es mir geht? Ich weiß gar nicht mehr weiter, am liebsten würde ich ja kündigen, doch dann werden wir kein Essen mehr im Kühlschrank haben und du könntest nicht mehr zum Ballett. Was meinst du, was soll ich machen?"

Sei transparent und lass die Verantwortung bei dir:

- „Heute auf der Arbeit habe ich ein Telefonat bekommen, darüber habe ich mich geärgert, daher bin ich vielleicht etwas angespannt. Mir ist wichtig, dass du weißt, dass es wegen der Arbeit ist und nicht deinetwegen. Morgen auf der Arbeit kann ich das sicherlich lösen oder ich gehe zu meiner Kollegin.“

Auf einen Blick

„Verschobene Konflikte“: Manchmal verlagern sich Konflikte. Das bedeutet, dass an anderer Stelle Menschen deine Grenzen und dein Nein übergehen und du dich in dieser Beziehung nicht einsetzt und die Last sozusagen mit nach Hause nimmst. Mit dieser Last im Gepäck reagierst du dann über, wenn dein Kind gerade deine Grenze, die andere schon mehrfach überschritten haben, nicht einhalten kann.

Innehalten und reflektieren: Wenn du merkst, dass du gegenüber deinem Kind in Bezug auf Grenzüberschreitungen sehr angespannt bist, dann spüre in dich hinein und hinterfrage, wo in deinem Leben andere Menschen deine Grenzen missachten.

Offene Kommunikation: Eine offene Kommunikation über deine Belastung bei gleichzeitiger Verantwortungsübernahme hilft deinem Kind, deinen Druck einzuordnen, ohne dich schuldig zu fühlen.

3. SCHRITT – ERKENNEN: SO FINDEST DU SICHERHEIT MIT WURZELN UND FLÜGELN

Im zweiten Schritt in diesem Buch ging es darum, verschiedene Strategien zur Konfliktvermeidung im Alltag zu erkennen. Sicherlich hast du dich selbst oder Personen aus deiner Herkunftsfamilie an der einen oder anderen Stelle wiedererkannt. In diesem Kapitel möchte ich dich mitnehmen auf eine Reise, auf der es um Sicherheit, Wurzeln und Flügel geht und auf der du spannende Erkenntnisse über dich selbst gewinnen darfst. Du kannst erfahren, ob es eher die Wurzeln oder die Flügel sind, mit denen du Sicherheit suchst – im Leben, in deiner Elternschaft und auch im Konflikt mit deinem Kind.

Sicherheit als Lebensbasis

Leben, überleben, darauf sind unser Nervensystem, unser Fühlen und unser Handeln ausgerichtet. Um körperlich und seelisch gesund zu sein, brauchen wir Sicherheit, emotionale und physische Sicherheit. Darüber hinaus wissen wir aus der Bindungs- und Entwicklungsforschung, dass diese äußere und innere Sicherheit entscheidend für eine gesunde Entwicklung, für Lernen, Glück und Wachstum ist. Wir können also sagen, dass Sicherheit die Basis und das grundlegendste Bedürfnis in uns allen ist.

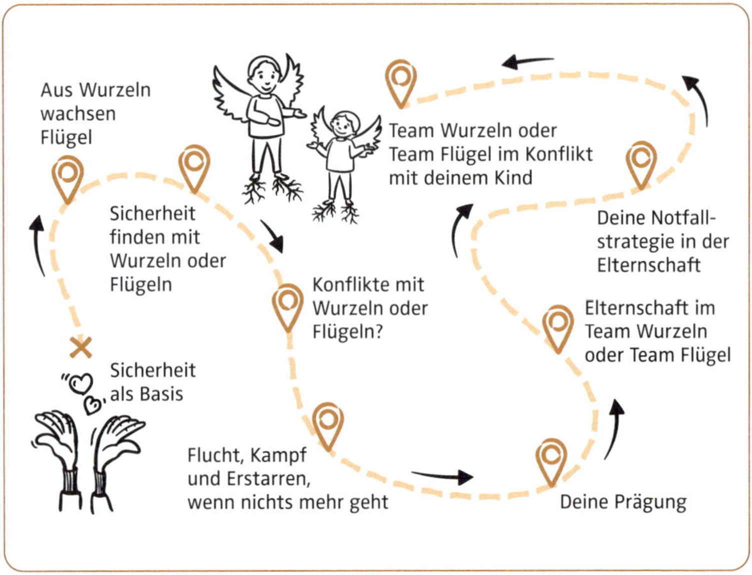

Die Wurzel-Flügel-Reise

Wenn wir nicht (emotional) sicher sind, können wir nicht ausreichend wachsen, nicht lernen, keine Freude empfinden, keine klaren Gedanken fassen und oft auch keine Nahrung aufnehmen und verdauen. Deshalb ist das Ziel unseres Handelns, Denkens und Fühlens in unsicheren Situationen, wieder Sicherheit zu erlangen. Konflikte können solche unsicheren Situationen sein.

Vielleicht möchtest du an dieser Stelle einmal in dich hineinspüren? Geht es dir auch so, wenn du einen Konflikt mit deinem Kind hast? Verunsichert dich das, kennst du das Gefühl der inneren Hilflosigkeit und auch der Angst um eure Beziehung?

Auf einen Blick

Sicherheit als Grundbedürfnis: Innere und äußere Sicherheit sind elementar wichtig für das Überleben und Lernen und Wachstum

Sicherheit als Ziel: In unsicheren Situationen, also auch bei Konflikten, ist das Ziel immer, wieder Sicherheit zu finden.

Hilflosigkeit im Konflikt: Konflikte mit dem eigenen Kind können verunsichern, Angst um die Beziehung und Hilflosigkeit sind möglich.

Das Zusammenspiel von Wurzeln und Flügeln

Sicherheit braucht Bindung. Menschen brauchen Bindung und Halt, um wachsen zu können. Kinder brauchen die Verbindung zu mindestens einer Bindungsperson, die feinfühlig auf ihre Bedürfnisse eingeht und ihnen das Gefühl gibt: Hier bist du sicher und gut aufgehoben, so wie du bist. In meiner Arbeit spreche ich gerne von Wurzeln, die jeder von uns braucht.

Aus der Bindungsforschung wissen wir, dass aus dieser Sicherheit heraus das Bedürfnis entsteht, zu explorieren, sich auszuprobieren, zu wachsen, zu experimentieren, Fehler zu machen und daraus zu lernen. Exploration und Selbstwirksamkeit sind die Flügel, die wir alle brauchen, um sagen und fühlen zu können: „Ich kann die Welt erobern und verändern, ich kann Fehler machen und mich anstrengen, um über mich hinauszuwachsen." Spielende Menschen sind für mich ein Bild für Exploration. Man vertieft sich mit Begeisterung und sieht einen Sinn im Ausprobieren, Experimentieren und Entwickeln von Geschichten, Ideen und Gedanken. Wurzeln und Flügel und das Zusammenspiel beider Elemente brauchen wir, um gesund zu wachsen und zu leben. Gleichzeitig sind **Verbundenheit mit anderen (Wurzeln)** und **Selbstwirksamkeit (Flügel)** zwei unterschiedliche Strategien, mit denen wir als Menschen Sicherheit suchen – schon Goethe hat sie so benannt.

Auf einen Blick

Wurzeln für Sicherheit, die Bedeutung einer starken Bindung: Gesundes Aufwachsen beginnt mit einer stabilen Bindung. Kinder brauchen einfühlsame Bezugspersonen, die ihnen Sicherheit geben.

Flügel durch Erkunden, Erforschen und Wachsen: Aus den Wurzeln der Sicherheit wachsen die Flügel und die Lust, sich zu entwickeln, zu wachsen und zu lernen. Exploration und Selbstwirksamkeit sind die Grundbedürfnisse, die hinter diesen Flügeln stehen.

Zusammenspiel von Wurzeln und Flügeln: Für ein erfülltes und gesundes Leben braucht es das Zusammenspiel von Wurzeln und Flügeln.

Sicherheit finden: Sowohl über die Wurzeln (Bindung) als auch über die Flügel (Selbstwirksamkeit) suchen Menschen Sicherheit.

„Team Wurzeln" und „Team Flügel"

Sich sicher zu fühlen ist gerade bei Verunsicherung und Konflikten immer wieder das, worum es geht; bei allen Menschen. Nur der Weg, den man wählt, um sich sicher zu fühlen, der kann unterschiedlich sein. Wir können mit unseren Wurzeln und mit unseren Flügeln dafür sorgen, dass wir uns sicher fühlen.

- Verbundenheit und Nähe bedeuten Sicherheit. „Ich fühle mich sicher in Verbindung mit anderen Menschen."
- Autonomie und Selbstwirksamkeit bedeuten Sicherheit. „Ich fühle mich sicher, wenn ich von niemanden abhängig bin und mein Glück selbst in die Hand nehmen kann."

Alle Menschen nutzen mal die eine Strategie und dann mal die andere, und wenn du genauer schaust, wirst du wahrscheinlich spüren, dass die eine Strategie dir vertrauter ist und du sie häufiger nutzt als die andere. Der Weg, innere Sicherheit zu finden, bildet sich schon in unserer frühen Kindheit und hat etwas mit unserem Temperament und unseren Bindungserfahrungen zu tun.

Erkennst du dich in einem mehr als in dem anderen? Sind es eher deine Wurzeln, die dir Sicherheit geben, oder deine Flügel?

Wichtig ist mir, dass es da um keine Wertigkeit geht. Es gibt nicht den einen, den „besseren" Weg. Wir alle haben Aspekte von Wurzeln und Flügel in uns, wir alle haben das Bedürfnis nach Bindung und das Bedürfnis nach Exploration in uns. Und gleichzeitig finden die meisten von uns sich in einer Strategie mehr wieder als in der anderen.

Ob wir eher mit unseren Wurzeln oder Flügeln Sicherheit suchen, entscheidet sich schon mit unseren ersten Bindungserfahrungen. Gleichzeitig bedeutet das nicht, dass das nicht veränderbar ist. Unser Gehirn ist plastisch und jede Beziehungserfahrung kann uns prägen. Jede Beziehung, die wir in unserem Leben eingehen, kann uns sichere Bindungserfahrungen vermitteln: eine Partnerschaft, eine tiefe Freundschaft oder eine pädagogische Fachkraft oder Lehrkraft und auch eine professionelle Beziehung in Therapie oder Coaching. Nur so ergeben Therapie und Coaching Sinn, hier können stabile und sichere Beziehungserfahrungen die Grundlage für Veränderung sein.

Auch ungünstige destruktive Beziehungserfahrungen im weiteren Leben können prägend sein, wie ein überkontrollierender und übergriffiger Chef, eine abwertende und strafende Lehrkraft oder ohnehin belastende Partnerschaften. Nach solchen ungünstigen Beziehungserfahrungen braucht ein Mensch Zeit und neue sichere Bindungserfahrungen, um wieder Sicherheit und Vertrauen aufzubauen.

Lass uns gerne noch ein Stück weiter auf die Reise gehen. Du darfst deine Wurzeln und Flügel noch besser kennenlernen und kannst dadurch auch dein Gefühl festigen, ob du dich eher im „Team Wurzeln“ oder im „Team Flügel“ zu Hause fühlst. Ich betone an dieser Stelle nochmal: Es geht dabei um keinerlei Wertung. „Team Flügel“ und „Team Wurzeln“ stehen gleichwertig nebeneinander.

Im Folgenden habe ich Wurzelaspekte wie Flügelaspekte aufgelistet. Gehe sie durch, wenn du magst vielleicht auch zwei- oder dreimal, und entwickle ein Gefühl dafür, welche Strategie dir vertrauter ist. Und ja, du wirst dich sowohl in den Wurzeln als auch in den Flügeln erkennen, doch wahrscheinlich in dem einen mehr als in dem anderen:

Wurzelaspekte

- Du kennst das Gefühl von Sicherheit und Geborgenheit oder sehnst dich danach. Einfühlungsvermögen ist eine deiner Stärken, du kannst dich gut in andere Menschen hineinversetzen und ihre Gefühle und Gedanken nachvollziehen.
- In Konfliktsituationen bleibst du in Kontakt, dir sind Harmonie und eure Verbindung wichtiger als recht zu haben.
- Oft machst du dir Gedanken darüber, was andere von dir denken, und hast Angst, abgelehnt zu werden.
- Für das Gefühl, dazuzugehören und anerkannt zu werden, bist du auch bereit, eigene Anliegen zurückzustellen, ein harmonisches Miteinander ist dir sehr wichtig.
- Du nimmst gerne Hilfe an und bietest anderen noch lieber deine Hilfe an.

- Es fällt dir oft schwer, zu deiner Meinung zu stehen, die Angst vor Ablehnung hält dich davon ab.
- Du bist eher traurig und erschöpft als wütend.
- Du lachst gerne mit anderen und fühlst dich mit ihnen verbunden.

Flügelaspekte

- Unabhängigkeit steht für dich an erster Stelle, und die Freiheit, selbstbestimmt zu handeln, ist dir sehr wichtig.
- Du nimmst deine eigenen Interessen ernst und setzt dich aktiv dafür ein, wobei du Wert auf Selbstbestimmung legst.
- Der Austausch unterschiedlicher Meinungen und Ansichten liegt dir und du schätzt Diskussionen, die zu neuen Sichtweisen führen können.
- Deine eigenen Ziele verfolgst du zielstrebig und vertraust auch bei Herausforderungen auf deine Fähigkeiten.
- Es fällt dir leicht, Dinge oder Menschen loszulassen, wenn die Verbindung nicht mehr stimmt.
- Es fällt dir schwer, deine Verletzlichkeit zu zeigen, indem du um Hilfe bittest, doch du bist gerne für andere da.
- Du wirst eher wütend, als dass du dich traurig und hilflos fühlst.
- Du verlässt dich lieber auf dich selbst als auf andere.
- Du übernimmst schnell Verantwortung und es fällt dir schwer, Verantwortung abzugeben.
- Deine Fähigkeit, schnell und kompetent Lösungen zu finden, zeichnet dich aus.
- Du bist effizient und zielorientiert, wenn es darum geht, Herausforderungen zu meistern.
- In deinem Streben nach persönlichem Wachstum und Erfolg gehst du zielstrebig deinen eigenen Weg.

Was bringt es dir, dich mit diesem Thema intensiv zu beschäftigen? Es geht darum, dich selbst und deine Reaktionen und damit auch deine Gefühle und Bedürfnisse besser kennenzulernen. Dann wirst du selbst nicht so von ihnen überwältigt und kannst bewusster handeln.

Dabei ist es mir jedoch sehr wichtig, dass du sehr behutsam mit dir bist, achte auf dich. Tut es dir gut, dich mit deinen Wurzeln und Flügel auseinanderzusetzen?

Du bist jederzeit dazu eingeladen, eine Pause zu machen, in ein anderes Kapitel zu springen, dich zu bewegen oder vielleicht auch für einen Moment etwas ganz anderes zu machen.

ZWEI UNTERSCHIEDLICHE WEGE ZUM GLEICHEN ZIEL

Sara und Tina stehen vor einer ähnlichen Herausforderung. Die Kita schließt wegen Personalmangel früher, doch beide Mütter haben noch einen wichtigen Termin. Sara kontaktiert sofort ihre Schwiegermutter und ist sehr enttäuscht, dass diese wegen eines Friseurtermins nicht aushelfen kann. Am Abend überlegt sie mit ihrem Partner, wie sie die Situation am nächsten Tag lösen können, schließlich engagieren sie die Babysitterin. Da diese das Kind aber noch nicht so gut kennt, nimmt sie Kind und Babysitterin mit zum Termin.

Tina hingegen geht ganz anders mit der Situation um, nach einem kurzen Überraschungsmoment hat sie gleich drei verschiedene Pläne im Kopf, wie sie Termin und Kind ohne Unterstützung von außen hinbekommt.

Sara sucht also Verbindung und Unterstützung in herausfordernden Situationen und fühlt sich sicher, wenn sie das Problem nicht allein lösen muss. Tina hingegen verlässt sich in dieser Situation auf niemanden. Wenn ein Problem auftaucht, dann hilft ihr die eigene Selbstwirksamkeit, um wieder Sicherheit zu erlangen.

Auf einen Blick

Zwei unterschiedliche Wege zur Sicherheit: Menschen haben zwei Hauptstrategien, um Sicherheit zu erlangen – Wurzeln (Sicherheit durch Beziehungen) und Flügel (Sicherheit durch Unabhängigkeit und Eigeninitiative). Diese Strategien hängen eng mit unseren Bindungsmustern und unserem Temperament zusammen.

Entstehung und Beeinflussbarkeit: Ob man sich eher mit Wurzeln oder Flügeln Sicherheit sucht, entscheidet sich in der eigenen Kindheit und ist gleichzeitig durch neue Bindungs- und Konflikterfahrungen veränderbar.

Welche Aspekte überwiegen? Du hast sowohl Flügel- als auch Wurzelaspekte in dir. Es geht darum, ein Gefühl dafür zu entwickeln, welche Aspekte überwiegen.

Team Wurzeln: Menschen, die sich eher im Team Wurzeln wiederfinden, passen sich gerne an, sie können sich gut in andere hineinfühlen und es fällt ihnen häufig schwer, nein zu sagen.

Team Flügel: Menschen, die sich eher im Team Flügel erkennen, ist ihre Unabhängigkeit sehr wichtig, sie können sich für ihr Anliegen einsetzen und Grenzen setzen. Oft fällt es ihnen schwer, Verantwortung und Kontrolle abzugeben.

Erkenntnis statt Bewertung: Weder die Wurzeln noch die Flügel sind die bessere oder schlechtere Strategie, es geht hier nicht um die Bewertung der Strategie, sondern um die Erkenntnis. Sie hilft dir, dein Verhalten besser zu verstehen.

Achtsamkeit: Die Entdeckungsreise hin zu deinen Wurzeln und Flügeln und deinem Umgang mit ihnen kann auch starke Gefühle in dir auslösen. Gehe dein Tempo und mach gegebenenfalls Pausen, damit die Gefühle dich nicht überwältigen.

Sicherheit als Ziel im Konflikt

Manche Konflikte bewältigen wir, ohne dass sie uns verunsichern; wir stehen stabil, die Konfliktwelle kommt und wir können sie souverän reiten. Und es gibt Konflikte, die eine andere Dynamik haben, die etwas mit uns machen. Vielleicht war unser Stand vorher nicht so stabil oder das Thema berührt uns sehr. Dann kann so eine Welle die innere Sicherheit in Gefahr bringen.

Um die innere Sicherheit wiederherzustellen, nutzen wir unsere Wurzel- oder Flügelstrategie. Welche Strategie nutzt du eher in einem aufreibenden Konflikt, um Sicherheit zu finden? Auch hier geht es wieder um eine Tendenz.

Konflikte im „Team Wurzeln" Wenn es einen Konflikt gibt, ist dir Verbindung wichtig. Du möchtest verstanden werden, brauchst die Sicherheit, dass die Verbindung nicht in Gefahr ist, und möchtest den Konflikt unmittelbar lösen. Du sagst auch Ja, wenn du eigentlich Nein fühlst, aus Angst, die Verbindung zu verlieren.

Konflikte im „Team Flügel" Ein Konflikt bedeutet für dich: „Ich verlasse mich auf niemanden anderen als auf mich selbst." Um dich zu regulieren, brauchst du Abstand, und wieder in Kontakt kommen fällt dir schwer. Du sagst auch mal prinzipiell Nein, um unabhängig, frei und selbstwirksam zu bleiben.

Auf einen Blick

Konflikt als Verunsicherung: Ein Konflikt kann auch eine Verunsicherung sein, die dazu führt, dass wieder die innere Sicherheit gesucht wird.

Sicherheit im Konflikt mit Wurzeln: Menschen, die sich eher mit ihren Wurzeln im Konflikt Sicherheit suchen, suchen dann eher den Kontakt und wollen den Konflikt am liebsten sofort lösen.

Sicherheit im Konflikt mit Flügeln: Menschen, die sich im Konflikt über ihre Flügel Sicherheit suchen, neigen dazu, sich dann nur noch auf sich selbst zu verlassen, und brauchen erst mal Abstand.

Mehr Flügel oder mehr Wurzeln? Die meisten Menschen kennen dann und wann beide Strategien und haben doch gleichzeitig eine Tendenz, ob sie sich eher im „Team Wurzeln" oder „Team Flügel" erkennen.

Flucht, Kampf und Erstarren

Konflikte können auch so weit gehen, dass Menschen wirklich in emotionale Not kommen und dann Stress- und Überlebensreaktionen anspringen.

Generell gibt es zwei unterschiedliche Stressreaktionen: Flucht und Kampf – zwei gegensätzliche Strategien, die doch aus dem gleichen inneren Zustand heraus entstehen: aus innerer Wut, großem Stress und Hilflosigkeit. Das Gehirn signalisiert: Hier besteht echte Gefahr!

- **Flucht** Wenn deine Not groß ist, möchtest du fliehen. Entweder verlässt du die Situation, wenn es dir möglich ist, oder du wirst ganz still, stehst etwas neben dir und erträgst die Situation, ohne wirklich geistig voll anwesend zu sein.
- **Kampf** Wenn dein Stress und deine emotionale Not zunehmen, suchst du den Kontakt und die Auseinandersetzung. Du willst verstanden und gesehen werden und für dein Recht kämpfen! Machtkämpfe und Kränkungen entstehen in diesem Zustand fast

zwangsläufig. Du sagst und tust Dinge, die du eigentlich nicht sagen und tun willst. Dein System ist in Not und du hast die Kontrolle verloren. Du kämpfst ums Überleben.

Tatsächlich kann ich diese Stressreaktionen nicht eindeutig den Wurzeln oder Flügeln zuordnen. Diese Stressreaktion/Notfallstrategie ist auch sehr unterschiedlich von Situation zu Situation und von der Person, mit der wir im Konflikt sind, abhängig. Häufig wechseln Menschen auch von einem Stressmuster ins andere. So kann die erste Reaktion die Flucht sein und, wenn diese nicht erfolgreich ist, der Kampf folgen.

Bei Stressreaktionen reagiert der ganze Körper, die Atmung und der Herzschlag werden schneller, es wird mehr Cortisol ausgeschüttet und die gesamte Körperspannung erhöht sich.

Wenn beide Stressmuster nicht erfolgreich sind, dann geht es noch einen Schritt weiter, dann geht dein System in einen Überlebensmodus über, den sogenannten **Freeze-Zustand.** Du stehst unter größtem Stress und bist trotzdem passiv, erschöpft und erstarrt. Man kann sich das so vorstellen, als wenn man gleichzeitig auf Gas und Bremse steht, der Zustand kostet sehr viel Energie und trotzdem ist keine Bewegung möglich.

Wie schnell du in eine Stressreaktion gerätst, hängt von deiner Tagesform und deiner allgemeinen Verfassung ab. So kannst du an manchen Tagen gut damit umgehen, wenn deine Kinder sich um das rote Glas streiten, und an einem anderen Tag reagierst du quasi sofort im Kampfmodus.

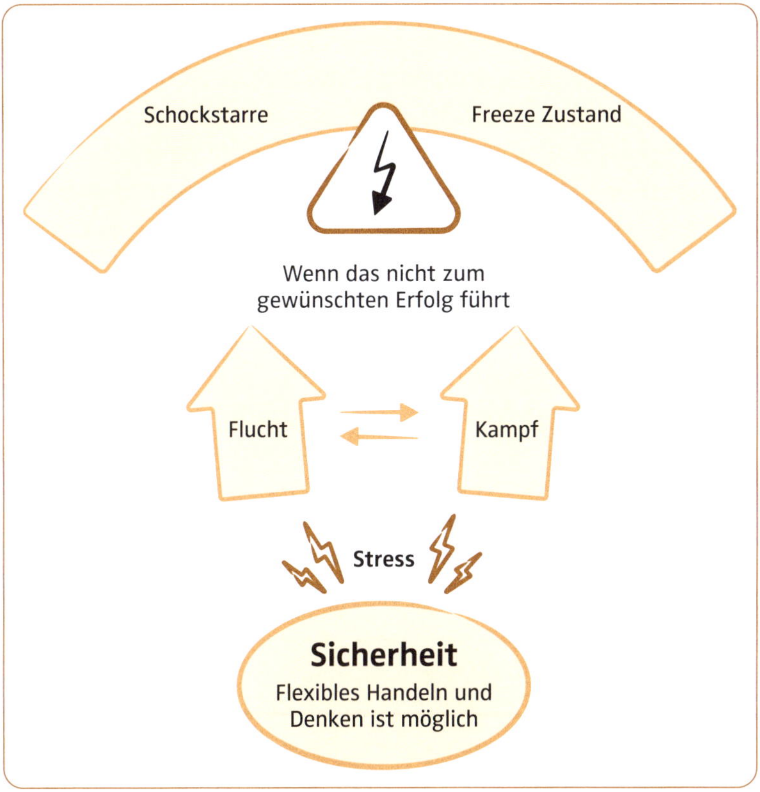

Aus der Sicherheit in die Schockstarre

Auf einen Blick

Überlebensstrategien: Flucht und Kampf sind uralte Stressreaktionen, die das Überleben sichern. Diese Reaktionen kann man auch im Konflikt beobachten. Führen weder Kampf noch Flucht zum Ziel, gerät der Körper in eine Schockstarre.

Keine Zuordnung: Ob ein Mensch mit Kampf oder Flucht auf eine extreme Stressreaktion reagiert, kann man nicht klar der inneren Wurzel- oder Flügelvorliebe zuordnen.

Deine Prägung

Da es sich in der Kindheit entwickelt, ob du dich eher im „Team Wurzeln“ oder im „Team Flügel“ wiederfindest, möchte ich mit dir auf eine kleine Reise in die Vergangenheit gehen. Nimm dir gerne ein paar Minuten Zeit dafür. Du kannst das zu Hause auf einem gemütlichen Platz machen, im Sitzen oder Liegen oder auch bei einem Spaziergang in Bewegung. Suche dir einen Moment, in dem du Raum für dich hast und gerade keine Verantwortung für dein Kind trägst.

Auf dieser Reise geht es darum, dass du dich auf dein Gefühl einlässt. Es geht nicht darum, die Situationen mit dem Kopf zu erfassen, sondern mit deinem Gefühl. Es geht auch nicht darum, ob deine Erinnerungen objektiv überprüfbar und richtig sind. Es geht vielmehr darum zu erkunden, wie du deine Kindheit empfunden hast. Es geht um dich und um deine subjektive Realität.

Gerne kannst du mit einer „Erdung“ anfangen. Vielleicht magst du deine Arme recken und strecken. Wahrscheinlich musst du dabei gähnen, das ist sehr gut. Dann kannst du mit deiner Wahrnehmung einmal in deine Füße gehen und spüren, wie es sich anfühlt, dass sie den Boden berühren. Für diese innere Reise musst du weder besonders entspannt noch angespannt sein, du kannst genau so, wie du bist, da sein.

Ich möchte dich einladen, ein Gefühl für deine Prägung zu bekommen. Auch hier wirst du merken, du wirst nicht nur Flügelanteile oder nur Wurzelanteile in dir finden. Du wirst doch von dem einen wahrscheinlich mehr als von dem anderen finden. Oder vielleicht zeigt sich deine Prägung im jeweiligen Gegenspieler. Vielleicht kennst du nur wenig Wurzeln, also sind dir jetzt eher die Wurzeln wichtig, oder du wurdest nicht dazu ermutigt, deine Flügel auszubreiten, und deshalb sind dir jetzt deine Flügel besonders wichtig.

Ich möchte dich dazu einladen, das wahrzunehmen. Liebevoll. Du bist genau so richtig, wie du bist! Und du darfst dich darin kennenlernen und annehmen.

Sei achtsam mit dir. Gehe nur so weit in das Gefühl wie es dir guttut. Du darfst dir Zeit nehmen, um Erinnerungen nachzuspüren und du darfst auch bewusst aus den Erinnerungen rausgehen, wenn du merkst, sie tun dir gerade nicht gut.

Wichtig ist mir, dass es hier nicht um Richtig oder Falsch geht. Wenn du aus dem Gefühl wieder rausmöchtest, bewege und schüttele dich und orientiere dich im Raum, fasse gerne einen Gegenstand an, damit du mit deinen Sinnen spüren kannst, du bist im Hier und Jetzt und nicht in der Vergangenheit. Spüre in dich hinein:

- Kennst du das Gefühl, sicher aufgehoben zu sein?
- Gab es unterschiedliche Erfahrungen, die du mit unterschiedlichen Personen gemacht hast? Unterschiede darin, wie dich verschiedene Personen ins Leben begleitet haben? Eltern, Großeltern, Pädagog*innen?
- Wenn du starke Gefühle hattest, auch Wut, Ängste oder Traurigkeit, gab es Menschen, die da an deiner Seite waren?
- Wenn du Angst hattest oder wütend warst, war da jemand und konnte dich annehmen so wie du warst?
- Waren Anerkennung und Liebe an Bedingungen oder Leistungen geknüpft? Oder hast du Fürsorge und warme Worte auch dann bekommen, wenn du den Erwartungen nicht entsprochen hast?
- Durftest du deine Wünsche und Bedürfnisse äußern und sind sie ernst genommen worden?

Vielleicht hast du jetzt ein Gefühl dafür bekommen, wie auf dein Wurzelbedürfnis in deiner Kindheit eingegangen wurde.

Bevor du dich auf die nächsten Fragen einlässt, atme gerne einmal tief durch, schüttle dich und schau, ob es dir gut geht. Wichtig ist mir auch hier: Gehe nur so weit rein in das Gefühl, wie es sich gut für dich anfühlt. Spüre gerne wieder in dich hinein. Wie wurdest du darin unterstützt, Selbstwirksamkeit und Autonomie, deine Flügel zu entwickeln?

- Haben Menschen, die dich ins Leben begleitet haben, dir etwas zugetraut? Haben sie dich darin unterstützt, selbstwirksam und selbstständig zu sein?
- Durftest du Fehler machen, ohne dafür beschämt zu werden?
- Wurde dir zugetraut, Selbstständigkeit zu entwickeln, vielleicht allein zu Freund*innen oder in die Schule zu gehen, woanders zu übernachten oder auf Ferienfreizeiten zu gehen?
- Wurden deine Meinung und Ansicht anerkannt, auch wenn sie nicht denen deiner Bezugspersonen entsprachen?
- Haben deine Bezugspersonen sich selbst für eigene Bedürfnisse und Anliegen eingesetzt?
- Durftest du dich von deinen Bezugspersonen lösen, ohne dass sie dich für ihre eigenen Gefühle verantwortlich gemacht haben? („Wenn du weg bist, geht es mir nicht gut, dann vermisse ich dich so“, „Geh doch, wenn dir nicht wichtig ist, wie es mir geht.“)

Zur Erinnerung: Es geht nicht um Richtig oder Falsch. Es geht darum, dir deiner ersten Prägung bewusst zu werden.

Wenn dich deine Gefühle und Erinnerungen überwältigen, kann es eine gute Strategie sein, dich zu bewegen und deinen Körper zu spüren.

Diese Reise in deine Prägung kann dir helfen, dein Verhalten und deine Gefühle im Heute besser zu verstehen und einzuordnen.

Auf einen Blick

Prägung aus der Kindheit: Ob wir uns eher im „Team Wurzeln“ oder im „Team Flügel“ wiedererkennen, wird in der Kindheit geprägt. Daher ist es sinnvoll, sich in die Vergangenheit einzufühlen, nachzuspüren, wie in der Kindheit auf das Bindungsbedürfnis eingegangen wurde und ob das Bedürfnis nach Exploration Raum bekommen hat.

Gefühl statt Fakten: Um ein Gefühl für die eigene Prägung zu bekommen, geht es weniger um die Fakten und Zahlen aus der eigenen Kindheit, sondern um das Gefühl, das man in sich trägt.

Wurzelbedürfnis: Gab es Personen, die dir Sicherheit und Geborgenheit vermittelt haben und das Gefühl, geliebt und anerkannt zu sein?

Flügelbedürfnis: Gab es Menschen, die dir Herausforderungen zugetraut haben? Wurden deine Grenzen und Anliegen anerkannt und respektiert, ohne zu beschämen?

Anker im Heute: Die Erinnerungen und Gefühle aus der Vergangenheit können manchmal zu viel sein, daher ist es wichtig, achtsam zu sein und gegeben falls die Erinnerungsreise zu unterbrechen, sich mit Bewegung zu erden und wieder im Hier und Jetzt zu orientieren.

Erkenntnis hilft Verständnis: Das Wissen über unsere Prägung kann uns helfen, unser Verhalten im Heute besser zu verstehen.

Elternschaft im „Team Wurzeln" oder im „Team Flügel"

In den vorangegangenen Kapiteln haben wir uns auf eine Entdeckungsreise begeben, um herauszufinden, ob du eher mit Wurzeln oder mit Flügeln die Welt eroberst, dein Leben lebst und Konflikte meisterst, und welche Prägung in dir liegt. Fällt es dir leichter, dich zu binden und anzupassen? Oder ruft dich eher die Freiheit und Unabhängigkeit?

In diesem Kapitel geht es darum, herauszufinden, in welchem Team du dich in deiner Elternrolle wiederfindest. Fällt es dir leichter, deinem Kind Wurzeln zu geben und dich zu binden, oder bist du ganz in deinem Element, wenn es darum geht, dein Kind zu ermutigen und ihm Flügel zu verleihen?

Die Reise geht also noch ein Stück weiter. Elternschaft ist bunt und vielfältig und unsere Kinder brauchen uns, damit sie mit gestärkten Wurzeln und kraftvollen Flügeln in die Welt hineinwachsen können. Ich bin überzeugt, dass du deinem Kind beides mit auf den Weg gibst. Und dabei wird dir wahrscheinlich das eine leichter fallen als das andere, so wie den meisten Eltern.

Bist du in deiner Elternschaft eher „Team Wurzeln" oder „Team Flügel"?

In Familien mit zwei Elternteilen ergibt sich oft eine Aufteilung. Das hat auch damit zu tun, dass wir uns als Partnerperson oft einen Menschen suchen, der uns ergänzt. Ein Elternteil ist der „Flügelbeauftragte", der andere der „Wurzelbeauftragte". Sprich, einem Elternteil fällt es leichter, auf das Bildungsbedürfnis einzugehen, und dem anderen Elternteil fällt es leichter, auf das Explorationsbedürfnis einzugehen – und das ist wunderbar so.

Ich habe im Folgenden ein paar Fragen und Impulse, die dir helfen, zu erkennen, welcher Bereich dir leichter fällt.

Lies sie bitte nicht als Anregung, dich zu optimieren. Auch hier geht es um die Erkenntnis und nicht um Verbesserung. Erkennst du deine Vorlieben und Stärken, kannst du sie bewusster nutzen und gleichzeitig an manchen Stellen gezielt darauf achten, auch den Gegenpart für deine Elternschaft mit ins Boot zu holen.

Familien mit nur einem Elternteil haben nicht so automatisch einen Ausgleich für die eigene Vorliebe. Oft fehlen im Alltag auch der Austausch und das gemeinsame feinfühlige Beobachten und Begleiten des Kindes, denn vier Augen nehmen mehr wahr als zwei. Doch Kinder haben die große Gabe, sich das zu holen, was sie brauchen. So kann vielleicht eine Lehrkraft oder jemand vom pädagogischen Personal im Kindergarten oder Hort oder die Tante, der Onkel oder eine Freundin beziehungsweise ein Freund aus der Familie deinem Kind den Impuls geben, den es als Ergänzung zum Elternteil braucht.

Jetzt lade ich dich ein, einmal nachzuspüren. Nutze dafür gerne auf der einen Seite deinen Kopf: Erinnere dich an vergangene Situationen, die dir helfen, deine Vorliebe zu rekonstruieren. Nutze aber auch dein Gefühl: Spüre nach, was fühlt sich für dich leichter und vertrauter an?

Findest du dich eher im „Team Wurzeln"?

- Du kannst dich gut in dein Kind einfühlen.
- Du genießt die Nähe und Verbundenheit mit deinem Kind.
- Es macht dir Spaß, für dein Kind wichtig zu sein und dich um es zu kümmern.
- Du genießt es, Zeit mit deinem Kind zu verbringen.
- Es fällt dir schwer, wenn dein Kind sich abgrenzt.
- Die Wut deines Kindes löst bei dir Frustration und/oder Traurigkeit aus.

- Wenn dein Kind deine Hilfe nicht annehmen will, fühlst du dich schnell zurückgewiesen.
- Du kannst dir deine eigene Wut nicht oder nur schwer eingestehen.

Findest du dich eher im „Team Flügel"?

- Du hast ein gutes Gespür für deine eigenen Grenzen und die deines Kindes.
- Du freust dich über die Schritte deines Kindes in die Selbstständigkeit.
- Es gelingt dir gut, dein Kind für neue Entwicklungsschritte und Herausforderungen zu ermutigen und zu stärken.
- Du fühlst dich in deiner Elternschaft wohl, wenn du auch Zeit für dich und ohne dein Kind hast.
- Dein Beruf und deine Hobbys sind dir wichtig und lassen dich feinfühliger mit deinem Kind umgehen.
- Gerade die erste Zeit, in der dein Kind so abhängig von dir war, war schwer für dich. Das Gefühl, dass dein Kind dich so dringend braucht, nimmt dir manchmal die Luft zum Atmen.
- Die Fremdbestimmung in der Elternschaft kostet dich viel Kraft.

PFLEGENDE ELTERN

Für pflegende Eltern, also Eltern, deren KInd eine Behinderung oder Krankheit hat, ist das noch einmal eine besondere Herausforderung, denn sie haben in der Regel viel mehr Hürden zu bewältigen, die Kinder brauchen mehr Begleitung und Fürsorge als andere und auch Förderung in ihrer Entwicklung.

Meist haben die Familien auch schon sehr schwierige Situationen hinter sich und das beeinflusst auch ihr Handeln im Hier und Jetzt. Zum Beispiel ist es nach einem schwierigen Start ins Leben, mit Sorgen um das Kind, viel schwieriger, Vertrauen ins Leben zu haben und Flügel zu geben, und doch ist es in einem angemessenen Maß auch wichtig. Eltern mit neurodivergenten Kindern (siehe auch Seite 134) bekommen zum Beispiel von außen immer wieder gesagt, sie müssten ihren Kindern nur vertrauen und loslassen, wenn diese mit neuen Situationen und Herausforderungen Schwierigkeiten haben. Auch beobachten die Eltern, dass andere gleichaltrige Kinder Entwicklungsaufgaben leichter bewältigen. Das verunsichert und kann dazu führen, dass es den Eltern schwerer fällt, den Kindern die Sicherheit und den Halt zu geben, die sie unabhängig von ihrem Alter, aber aufgrund ihrer Neurodivergenz (ADHS, Autismus ...) brauchen.

Spannend ist auch, dass wir je nachdem, in welchem Team wir uns mehr zu Hause fühlen, Situationen anders bewerten. In meiner Arbeit spreche ich gern davon, dass wir jeweils eine Brille anhaben, die unsere Wahrnehmung einfärben kann. Finden wir unser eher im „Team Wurzeln“, ist die Wahrscheinlichkeit höher, dass wir vor allem das Bindungsbedürfnis unseres Kindes wahrnehmen. Sind wir eher „Team Flügel“, kann es gut sein, dass wir sensibler sind für das Bedürfnis nach Autonomie und Selbstwirksamkeit unseres Kindes.

Fühle anhand dieses Beispiels gerne einmal in dich hinein: Wie geht es dir damit? Wenn dein Kind nachmittags bei den Großeltern ist und du es abends abholen willst, es aber auf die erste Bitte hin nicht nach Hause will und vor dir wegläuft, ...

... was wäre dein erster Impuls?

- „Mein Kind braucht mich nicht, es ist lieber bei den Großeltern, dann kann ich heute Abend mit Freunden weggehen.“
- „Der Nachmittag bei den Großeltern war zu lang, ich habe mein Kind zu lange allein gelassen, jetzt rennt es vor mir weg, weil ich ihm zu viel zugemutet habe.“

Welche Brille hast du eher auf? Schaust du mit der „Wurzelbrille“ auf die Situation und bist besonders feinfühlig für das Bindungsbedürfnis oder hast du eher eine „Flügelbrille“ auf und bist sehr feinfühlig für das Explorationsbedürfnis deines Kindes?

ABLÖSUNG BEDEUTET NICHT ABLEHNUNG

Eine Mutter kommt zu mir in die Beratung, sie macht sich Sorgen um die Bindung zu ihrem Kind Jesaia. Er ist gerade in den Kindergarten eingewöhnt worden. Es war eine sanfte und sichere Eingewöhnung, offensichtlich fühlte sich das Kind im Kindergarten wohl. Dennoch ist die Mutter verunsichert. Jesaia verhält sich zu Hause anders. Beim Wickeln wehrt er sich und tritt teilweise mit den Füßen nach ihr. Beim Vorlesen will er das Buch jetzt selbst in die Hand nehmen und beim Anziehen gibt es oft Konflikte. Die Mutter befürchtet, dass sich das Kind durch die Eingewöhnung in der Krippe abgeschoben fühlt und deshalb zu Hause weniger Nähe zulassen möchte.

Wir steigen in einen Beratungsprozess ein und beleuchten und erforschen verschiedene Situationen genauer.

Dabei wird deutlich, dass es nicht darum geht, dass das Kind sich verlassen fühlt und sich aus Kränkung von seiner Mama abwendet. Vielmehr hat das Ankommen im Kindergarten dem Kind gutgetan. Die Flügel und die neuen Wurzeln, die es nun im Kindergarten hat, ermutigten es, noch mehr Flügel haben zu wollen. Jesaia will mehr Selbstwirksamkeit beim Wickeln, Vorlesen und Anziehen. Als die Mutter das erkennen und auch annehmen und im Alltag berücksichtigen konnte, lösten sich die Konfliktsituationen zu Hause auf.

Auf einen Blick

Elterliche Vorliebe: Auch wenn Eltern meist sowohl die Wurzeln als auch die Flügel ihrer Kinder nähren, so fällt den meisten Elternteilen eines davon leichter.

Wertfreiheit: Um die eigene Prägung und Stärke zu erkennen, ist Wertfreiheit wichtig und hilfreich. Wurzeln wie Flügel sind wertvoll für dein Kind und du bist mit deiner Vorliebe in deiner Elternrolle gut genug.

Familienstrukturen: In Familien mit zwei Elternteilen entsteht oft (unbewusst) die Aufteilung, dass ein Elternteil die Wurzeln des Kindes stärkt und der andere Elternteil mehr die Flügel.

Kinder finden das, was sie brauchen: Auch Kinder, die nur mit einem Elternteil aufwachsen, haben die Gabe, sich aus anderen Beziehungen zu holen, was sie brauchen. So können auch Verwandte, Bekannte oder Pädagog*innen wichtige Impulse für dein Kind als Ergänzung geben.

Eigene Vorliebe erkennen: Indem Eltern erkennen, ob es ihnen leichter fällt, die Wurzeln oder die Flügel ihrer Kinder zu stärken, können sie ihre Kinder bewusster und feinfühliger begleiten.

Team Wurzeln: Eltern, die sich im „Team Wurzeln" wiederfinden, fällt es leicht, sich auf das Kind einzulassen und sie haben eher Schwierigkeiten, ihre Grenzen zu wahren.

Team Flügel: Eltern im „Team Flügel" fällt es meist leichter, ihre Kinder zu neuen Entwicklungsschritten zu ermutigen, und die mangelnde Selbstbestimmung in der Elternschaft fällt ihnen oft schwer.

Besondere Herausforderungen: Eltern oder pflegende Personen, die schon besondere Ereignisse und Ängste erleben mussten, stehen vor besonders komplexen Herausforderungen, um eine gute Balance zwischen Wurzeln und Flügeln zu finden.

Deine Notfallstrategie

Elternschaft ist großartig und schön. Und wie wir in diesem Buch gelernt haben, gehören auch Konflikte dazu. Konflikte führen häufig zu Stress und Verunsicherung.

Konflikte mit deinem Kind können dazu führen, dass deine Notfallstrategie anspringt. Feinfühligkeit und Flexibilität sind dann nicht mehr so möglich, dafür steht Kampf oder Flucht auf dem Programm.

Aus Sicht der Evolution ergibt das sehr viel Sinn, denn wenn der Säbelzahntiger kommt, haben wir zwei Möglichkeiten, entweder wir fliehen oder wir kämpfen. Um das zu bewältigen, produziert unser Körper Stresshormone. Im Kampf mit dem Säbelzahntiger ist es auch wichtig, dass wir unsere ganze Konzentration auf die Gefahr richten, und dadurch verliert das Gehirn an Flexibilität zugunsten des Fokus.

Hat diese Strategie keinen Erfolg, sichert die Schockstarre das Überleben. Ich habe dir diesen Freeze-Zustand bereits erklärt. Der Körper fährt ganz runter und ist fast wie tot. So geht der Säbelzahntiger mit viel Glück weiter. Diese Stressreaktionen kennen wir auch aus der Tierwelt.

Wie das konkret in deinem Elternalltag in der Beziehung zu deinem Kind aussehen kann, möchte ich nun mit dir gemeinsam anschauen. Wenn der Stress steigt, rennst du dann eher los auf der Suche nach den Lösungen oder ignorierst du lieber den Stress und hoffst so, dass er schnell an dir vorbeizieht?

Kampf oder Flucht, was ist deine Stressreaktion?
Du erfährst, dass dein Kind Schwierigkeiten hat, in der Schule mitzukommen. Was ist deine erste Reaktion?

- **Kampf** Du suchst sofort nach 6.475 Strategien, wie du das Problem lösen kannst, was du tun kannst, damit dein Kind im Unterricht schneller wird. Oder dir fallen 6.359 Argumente ein, warum die Erwartungen der Schule völlig überzogen sind oder dein Kind einfach nicht richtig gesehen wird. Im Kopf formulierst du schon die E-Mail mit den Gründen, warum dein Kind sein Arbeitstempo nicht ändern muss, oder vielleicht hast du schon einen Termin mit der Schulleitung vereinbart? Das tust du so lange, bis du in der großen Erschöpfung landest und dich hilflos fühlst.
- **Flucht** Du hörst die Info, drei Minuten später beschäftigst du dich schon wieder mit anderen Themen, dafür hast du jetzt wirklich keine Nerven. Oder du denkst dir, das wird schon, sagst deinem Kind einmal, dass es schneller arbeiten soll, und willst dich dann nicht weiter in die Themen deines Kindes einmischen. Vielleicht überlegst du dir auch schon, wie du deinen Eltern sagen kannst, dass dein Kind sitzenbleibt, wenn es weiterhin zu langsam ist. Falls weitere Anzeichen kommen, dass das Problem doch nicht gelöst ist, fühlst du dich völlig überfordert und nicht imstande, zu handeln oder zu reagieren.

Ein anderes Beispiel: Dein Kind hat einen Konflikt mit einem gleichaltrigen Kind und erzählt dir davon.

- **Kampf** Du hast sofort Lösungsideen und/oder möchtest sofort etwas unternehmen, damit das andere Kind nicht mehr so handelt, dass dein Kind traurig ist. Du findest das Verhalten des anderen Kindes und/oder der Eltern unmöglich.
- **Flucht** „Ach, Konflikte unter Kindern, das ist normal, das kommt vor, da muss ich mich nicht einmischen" könnte ein Gedanke der Fluchtstrategie sein. Oder du sagst deinem Kind, es soll einfach nachgeben oder sich anders verhalten, damit der Konflikt aufhört, und damit ist das Thema für dich erledigt.

Ein drittes Beispiel: Du und dein Kind habt euch ordentlich gestritten. Ihr habt Dinge getan oder gesagt, die ihr nicht tun oder sagen wolltet.

- **Kampf** Du suchst sofort das Gespräch mit deinem Kind, willst alles jetzt und ausführlich klären, suchst nach neuen Strategien und Ideen, wie es nicht mehr zu ähnlichen Situationen kommen kann. Bestellst du dir vielleicht auch gleich noch drei Bücher zum Thema, um wirklich in die Veränderung zu kommen? Vielleicht bist du dir jetzt aber auch sicher, dass dein Kind einmal wirklich Konsequenzen und Strafen spüren muss, sonst wird sich nie etwas ändern und es verhält sich in 20 Jahren immer noch so.
- **Flucht** Du bist zutiefst beschämt, fühlst dich schuldig und deine Gedankenkreise voller Schuld und Scham rauben dir so viel Energie, dass du den Kontakt zu deinem Kind verlierst. Oder du gibst es gleich auf. Du kannst ja nichts dafür, wenn dein Kind sich so verhält. Wenn dein Kind sich nicht so verhalten würde, würdest du auch nicht so etwas sagen und tun, aber egal, es passiert ja sowieso nicht.

Auch bei der Notfallstrategie geht es nicht um Besser oder Schlechter, sondern darum, dass du erkennst, wann du in deiner Stressreaktion oder auch im Überlebensmodus bist, um deine Gefühle und das daraus resultierende Verhalten besser einordnen zu können. Und ja, es kann gut sein, dass du dich in beiden Stressreaktionen wiedererkennst. Es ist möglich, dass du in der einen Situation mit Kampf reagierst und in der anderen mit Flucht; und manchmal kannst du auch in einem Konflikt erst mit der einen Notstrategie und dann mit der anderen reagieren. Meistens kommt kurz danach die nächste Stufe, die Schockstarre.

Wenn du dich in einer Notfallstrategie befindest, kannst du einen Konflikt mit deinem Kind nicht mehr gut lösen. **Wenn du also merkst, dass du in einer Notstrategie bist, schiebe den Konflikt für einen Moment beiseite. Jetzt geht es erst einmal darum, deinem System zu signalisieren, dass du in Sicherheit bist.** Wenn sich deine innere Not beruhigt hat, kannst du dich wieder darum kümmern, einen guten Weg zu finden, mit dem Konflikt umzugehen.

Auf einen Blick

Kampf und Flucht: Bei Überforderung im Konflikt und bei großem Stress gibt es zwei unterschiedliche Notfallstrategien, Kampf oder Flucht. Zwei Strategien, die Ausdruck einer Stresssituation sind.

Mal so und mal so: Generell haben die meisten Menschen eine bevorzugte Notfallstrategie, doch oft wechselt das auch, zum Teil sogar in einer einzelnen Notfallsituation.

Jetzt geht's ums Überleben: Wenn die Notfallstrategie nicht funktioniert, reagiert der ganze Körper, das ganze Nervensystem mit einer Überlebensreaktion, dem Schockzustand oder auch Freeze-Zustand genannt.

Kein guter Umgang mit Konflikten möglich: Sind wir in einer Stressreaktion oder einer Überlebensreaktion, haben wir keine Möglichkeit, Konflikte gut zu lösen. Daher braucht es erst Sicherheit für dich und dein System. Erst dann ist wieder ein guter Umgang mit dem Konflikt mit deinem Kind möglich.

Konflikte im „Team Wurzeln" oder im „Team Flügel"

Wie ging es dir bis jetzt auf unserer Reise? Konntest du dich in dem einen Team mehr finden als in dem anderen? Hast du die ein oder andere neue Erkenntnis über dich selbst gewonnen? Konntest du ein Gefühl dafür entwickeln, ob dir die Wurzeln oder Flügel mehr liegen? Vielleicht bist du auch ein bisschen durcheinander, weil dir mal das eine oder andere mehr liegt? Auch das ist okay und eine wertvolle Erkenntnis.

Vielleicht stellst du auch fest, dass es von dem Thema oder der Person, mit der du im Kontakt bist, abhängt, ob du dich eher im „Team Wurzeln" oder im „Team Flügel" siehst?

Auch damit bist du nicht allein, das ist sehr häufig so. Generell können wir sagen: **Je näher und intensiver die emotionale Verbindung ist, umso berührbarer sind wir und umso leichter reagieren wir im Konflikt mit Verunsicherung oder auch innerer Not.**

Vielleicht kennst du das auch, dass Kommentare von deinen Eltern und/oder deiner Partnerperson dich viel schneller wütend machen und auf einem ganz anderen Level als die von einer Kollegin oder dem Verkäufer an der Supermarktkasse. Unsere Kinder sind emotional so nah an uns dran, dass wir im Kontakt mit ihnen sehr berührbar sind und generell sehr viele Gefühle mit ihm Spiel sind.

Im letzten Abschnitt unserer Erkundungsreise geht es darum, herauszubekommen, wie du tendenziell reagierst, wenn du im Konflikt mit deinem Kind bist. Agierst du dann eher im „Team Wurzeln" oder im „Team Flügel"?

Team Wurzeln

- Du kannst dich anpassen und deine Anliegen auf später verschieben.
- Durch die Wut und den Autonomiewunsch deines Kindes fühlst du dich leicht zurückgewiesen.
- Du hast ein feines Gespür für die Stimmung deines Kindes und gehst schnell und sensibel auf seine Bedürfnisse ein.
- Es fällt dir schwer, deine eigenen Grenzen und Bedürfnisse wahrzunehmen.
- Du erwartest von dir und deinem Kind, immer freundlich und zugewandt zu sein.
- Scham und ein schlechtes Gewissen sind für dich schnell ein Thema, sobald du dich für dich selbst oder für deine eigenen Interessen einsetzt.
- Du bist von dir und deinem Kind eher enttäuscht, als dass du wütend wirst.
- Wenn dein Kind wütend oder traurig ist, ist es dir sehr wichtig, bei deinem Kind zu sein.
- Während und nach einem Konflikt erklärst du deinem Kind viel und möchtest, dass es dich versteht.
- Eine schnelle Versöhnung nach einem Konflikt ist dir wichtig.

Team Flügel

- Du hast ein gutes Gespür für deine Grenzen und die deines Kindes.
- Du fühlst dich im Konflikt mit deinem Kind leicht manipuliert und fremdbestimmt.
- Du kannst dich für deine Gefühle und Anliegen einsetzen.
- Du ignorierst manchmal die Gefühle und Bedürfnisse deines Kindes, wenn sie dich überfordern.
- Während oder nach dem Konflikt brauchst du Abstand oder Rückzug.
- Es ist dir wichtig, von deinem Kind gehört und verstanden zu werden.

- Du kannst deinem Kind liebevoll und zugewandt durch Klarheit Sicherheit geben.
- Du gerätst immer wieder in Machtkämpfe mit deinem Kind, willst dir von deinem Kind nichts sagen lassen.
- Die Schüchternheit und das Nähebedürfnis deines Kindes fordern dich sehr und lassen dich schnell ungeduldig werden.
- „Ach, kein Problem, alles gut" sind Gedanken, mit denen du Konflikten aus dem Weg gehst und die Anliegen von dir und deinem Kind nicht ernst nimmst.
- Bei Überforderung wirst du eher wütend als traurig.

Ob du Konflikte mit deinem Kind eher im „Team Wurzeln" oder im „Team Flügel" löst, hängt von deiner Konfliktbiografie ab, also von deinen Konflikterfahrungen, deinen Bindungserfahrungen und deinem Temperament. Auch das Temperament deines Kindes spielt eine Rolle. Wenn du ein impulsives, wildes Kind hast, hat das einen anderen Einfluss darauf, wie Konflikte zwischen euch verlaufen, als wenn du ein sehr ruhiges, schüchternes Kind hast.

Die Art und Weise, wie du dich hier und jetzt im Konflikt verhältst, hat sich für dich in der Vergangenheit bewährt und war für dich wichtig. Deshalb lade ich dich ein, in einem ersten Schritt dein Team dankbar anzunehmen.

Im weiteren Verlauf des Buches kannst du dann schauen, was davon im Hier und Jetzt, im Konflikt mit deinem Kind hilfreich ist und was nicht. Was du dankbar an die Vergangenheit loslassen kannst und wofür du neue, bewusstere Möglichkeiten entwickeln kannst.

Auf einen Blick

Nähe macht verletzbarer: Wir sind emotional berührbarer, je näher uns ein Mensch steht. Unsere Kinder sind uns emotional sehr nahe, daher reagieren wir meist sehr intensiv auf Konflikte mit unserem Kind.

Konfliktbiografie: Ob wir eher mit Wurzeln oder Flügeln in einem Konflikt reagieren, hängt mit unserer eigenen Konfliktbiografie und unseren Bindungserfahrungen sowie auch mit dem Temperament unseres Kindes zusammen.

Team Wurzeln: Eltern, die sich eher im „Team Wurzeln" im Konflikt mit ihrem Kind erkennen, können ihre eigenen Anliegen leichter zugunsten des Kindes verschieben und sind sensibel für Perspektivwechsel. Gleichzeitig haben sie Schwierigkeiten, eigene und kindliche Grenzen wahrzunehmen und zu verteidigen. Auf Rückzug des Kindes reagieren sie mit Angst, Kontaktabbruch bedeutet für sie Gefahr.

Team Flügel: Eltern, die sich im Konflikt mit ihrem Kind eher im „Team Flügel" erkennen, können eigene Grenzen und Anliegen wahrnehmen und dafür einstehen und Konfliktthemen leichter ansprechen. Im Konflikt geraten sie schnell in einen Machtkampf und fühlen sich leicht fremdbestimmt und eingeschränkt.

Danke: Die Art und Weise, wie Eltern im Konflikt mit ihrem Kind heute reagieren, war für die Eltern in der Vergangenheit gut und wichtig. Das braucht Anerkennung, um damit weiterarbeiten zu können.

4. SCHRITT – LERNEN: SO KANN KONFLIKTLÖSUNG GELINGEN

Bis jetzt hast du viel über dich und deine Strategien erfahren. In diesem Kapitel gehen wir einen Schritt weiter und binden dir einen bunten Blumenstrauß mit Grundlagen und einem Modell, das dir hilft, Konflikte klar und liebevoll zu lösen. Und wir schauen auf die Stolpersteine, die einen guten Umgang mit Konflikten verhindern. Dank der folgenden Tipps brauchst du Konflikten nicht mehr aus Angst oder Unsicherheit aus dem Weg zu gehen, gewinnst Selbstvertrauen und lernst, Konflikte so anzugehen, dass sie der Beziehung zu deinem Kind nicht schaden, sondern euer Miteinander und Vertrauen stärken. In diesem Kapitel lernst du auch die Konfliktpyramide kennen, die dir eine hilfreiche Struktur, Sicherheit und Halt bietet, Konflikten liebevoll und klar zu begegnen.

Der gute Grund

Das hier ist wahrscheinlich das wichtigste Kapitel dieses Buches, das Kapitel, an das du und ich uns immer wieder erinnern dürfen. Es ist die Grundlage meiner Arbeit und meiner Einstellung und es hat mein Elternsein grundlegend geprägt und verändert.

Ich erinnere mich, dass wir als Familie eine schwierige Zeit hatten. Das erste Kind war in der Autonomiephase und wir waren auf Mutter-Kind-Kur. Und jeden, wirklich jeden Morgen gab es eine Eskalation, weil unser Kind sich nicht angezogen hat. Ich war sehr, sehr verzweifelt und hilflos. Was sollte ich noch machen, damit dieses Kind sich allein anzieht? Ich hatte das Gefühl, alles versucht zu haben, und habe mich bei jedem Ausbruch persönlich von meinem Kind angegriffen gefühlt.

Eines Morgens, ich sehe es noch im Detail vor mir: Wieder dieser Machtkampf ums Anziehen. Dann habe ich dem Kind grob die Kleider abgenommen, sie verzweifelt und weinend durchs Zimmer geworfen und damit dem Kind die ganze Verantwortung dafür gegeben, dass wir jeden Tag mit einem unglaublichen Streit begannen. „Du bist schuld, dass jeder einzelne Tag mit einem Riesenstreit beginnt, kannst du dich nicht einmal anziehen? Warum musst du immer diesen Streit vom Zaun brechen, ich kann und mag so nicht mehr!“ Das war ein heftiger Rucksack, den ich meinem knapp vierjährigen Kind da aufgeladen habe.

Am Morgen nach dieser schrecklichen Eskalation erinnerte mich ein Arzt in einem Gespräch an das, was ich schon vorher wusste, doch in dieser schwierigen Zeit vergessen hatte: Wenn mein Kind sich nicht anzieht, dann tut es das nicht, um mich zu ärgern, sondern aus einem guten Grund. Auch wenn ich es in diesem Moment nicht sehen konnte, mein Kind tat sein Bestes.

Und das war der Wendepunkt. Am nächsten Tag richtete ich meinen Blick nicht mehr auf das Anziehen und die vielen anderen Situationen, die in unserem Zusammenleben gerade sehr schwierig waren, sondern ich richtete meinen Blick auf die vielen, vielen Momente, in denen mein Kind kooperierte, sich bemühte, meine Erwartungen zu erfüllen und ihnen zu entsprechen. So konnte ich plötzlich diesen kleinen Menschen sehen, dem es gerade nicht gut ging und der es sehr schwer hatte, sich dort in der Fremde zurechtzufinden. Das machte mich zuerst traurig und ich schämte mich, weil ich das Kind, das ich doch so liebte, so überfordert und ihm Dinge unterstellt hatte, die gar nicht so waren.

Mithilfe des Arztes konnte ich diesen warmen Blick, mit dem ich von da an auf mein Kind blickte, auch auf mich richten. Ich konnte mich sehen, wie ich in der Krise und in der Erschöpfung mein Bestes gab und viele, viele Situationen mit meinen Kindern liebevoll und einfühlsam lösen konnte. In den Situationen, in denen es mir nicht gelang, konnte ich sehen, dass ich nicht aus Böswilligkeit so handelte, sondern aus eigener Überforderung.

KOOPERATION

Kooperation bedeutet nicht, dass Kinder uns uneingeschränkt gehorchen. Kooperation bedeutet, dass Kinder darauf ausgerichtet sind, Teil der Gemeinschaft zu sein, in der sie aufwachsen, und dass sie unter Berücksichtigung ihrer eigenen Gefühle und Bedürfnisse einen Weg finden, den Erwartungen von Personen, zu denen sie eine Bindung haben, zu entsprechen. Kooperation bedeutet nicht, dass das Kind immer macht, was von ihm erwartet wird.

Vielleicht ist das der wichtigste Abschnitt aus dem ganzen Buch und ich wünsche mir sehr, dass du diese Botschaft in dein Herz lässt:

Du bist gut so wie du bist.
Dein Kind ist gut so wie es ist.

Sowohl dein als auch sein Verhalten haben immer einen guten Grund.

Oft können wir im Nachhinein oder im Rückblick den guten Grund dafür erkennen, warum jetzt dieser oder jener Konflikt nicht so gut zu lösen war. Doch auch wenn wir den guten Grund nicht sehen, verändert allein die Annahme, dass es diesen guten Grund gibt, alles in unserem Zusammenleben.

Die Strategie, die dein Kind im Konflikt zeigt, ist die beste, die es gerade zur Verfügung hat. Daher ist es sinnlos, dagegen anzukämpfen. Viel hilfreicher ist es, wenn du dich emotional an die Seite deines Kindes setzen kannst und ihr gemeinsam diesen Konflikt bewältigen könnt; auch und gerade dann, wenn ihr unterschiedliche Anliegen habt.

DINOTOUR IN DEN TAG

Jeden Morgen gibt es einen Kampf, erzählt mir Sara in der Beratung. Sie ist schon angespannt, wenn sie zu ihrem Sohn Jonas ins Zimmer kommt, weil sie weiß, was auf sie zukommt. Jonas will nicht aufstehen und es wird ein Kampf und Stress, dass sie es noch rechtzeitig zum Morgenkreis in die Kita schaffen und Sara zur Arbeit.

In der Haltung des guten Grundes kann Sara die Situation neu bewerten. Jonas hat seine Gründe, warum ihm das Aufstehen so schwerfällt. Sara sucht sich einen ruhigen Moment am Nachmittag und spricht Jonas an: „Morgens ist es gerade für uns beide so schwer, ich möchte das nicht mehr. Hast du eine Idee, wie ich dir helfen kann, morgens leichter aufzustehen?"

So öffnet sie einen Raum für einen Dialog und vor allem entsteht aus einem Gegeneinander ein Miteinander. Es geht nicht um Sara gegen Jonas, sondern darum, dass Sara und Jonas gemeinsam Lösungen für die Herausforderungen des Morgens finden.

Wenn Sara das Gespräch mit Jonas so eröffnet, geht es nicht so sehr darum, dass Jonas sofort die Lösung kennt oder genau sagen kann, was sein Problem und sein Bedürfnis sind. Es geht vielmehr um die Offenheit und das Signal: „Wir zusammen, wir schaffen das und ich gehe davon aus, dass du genauso an einer friedlichen Lösung interessiert bist wie ich."

In diesem Fall können Sara und Jonas gemeinsam einen neuen Plan entwickeln. Sara steht früher auf, erledigt die Dinge, die sie in Ruhe erledigen möchte, macht Frühstück und packt alles ein, was sie für den Kindergarten und die Arbeit brauchen. Dann kann sie sich ganz auf Jonas konzentrieren, sie kuscheln eine Weile und dann klettert Jonas auf Saras Rücken und sie trägt ihn ins Bad. Das Bad ist der Dinowald und im Dinospiel machen sie alles, was im Bad notwendig ist. Danach klettert Jonas wieder auf Saras Rücken und sie trägt ihn zum Frühstückstisch. Nach dem Frühstück klettert Jonas wieder auf Saras Rücken und sie gehen gemeinsam in die Garderobe, von wo aus sie in den Tag starten.

Die Lösungsstrategien mögen von Familie zu Familie unterschiedlich sein, aber die Haltung, mit der du an den Konflikt herangehst, macht den größten und wichtigsten Unterschied.

Hier unterstützt Sara Jonas bei den Übergängen, indem sie ihn auf ihren Rücken nimmt. Mit den spielerischen Elementen spricht sie seine Sprache und bringt etwas Leichtigkeit in eine Situation, die für Jonas schwer ist. Indem sie alles fertig hat, bevor sie Jonas holt und ihn nah begleitet, übernimmt sie die Verantwortung und die Führung für diese Situation.

Der gute Grund erteilt keine Absolution

Die Haltung des guten Grundes ist für mich die Grundlage für ein herzliches Miteinander und einen konstruktiven Umgang mit Konflikten. Und gleichzeitig dürfen wir, wenn wir mit der Haltung des guten Grundes auf uns und unser Kind schauen, auch die ganze Vielfalt der Gefühle spüren und Verhaltensweisen nicht gut finden, genervt, wütend und manchmal auch überfordert sein. Die Annahme des guten

Grundes bedeutet nicht, dass wir jedes Verhalten gutheißen müssen, sondern es bedeutet, dass wir, auch wenn wir das Verhalten nicht gut finden, das klar und zugewandt äußern. Klarheit und Verständnis schließen sich nicht gegenseitig aus, ganz im Gegenteil, sie passen prima zusammen. Aus deiner Perspektive mag der Grund nicht gut sein, vielleicht auch nicht nachvollziehbar, doch aus der Perspektive des Kindes war es in diesem Moment ein guter Grund.

Wir dürfen Verhaltensweisen schlecht oder unangemessen finden und uns dazu positionieren, wenn wir dabei interessiert an der Perspektive und dem guten Grund des Kindes sind.

DAS ANLIEGEN ZU VERSTEHEN BEDEUTET NICHT, DAS VERHALTEN GUTZUHEISSEN

Svenja ist drei Jahre alt und vor zehn Monaten große Schwester geworden. Tim, der kleine Bruder, fängt an, sich überall hochzuziehen. Immer wieder, gerade wenn Svenja sich unbeobachtet fühlt, stößt sie Tim um, manchmal mit solcher Wucht, dass er heftig auf den Hinterkopf fällt. Und ja, Bezugspersonen dürfen und müssen sich hier positionieren, dieses Schubsen ist gefährlich und keine gute Strategie. Stopp, Svenja!

Und gleichzeitig braucht es Offenheit, Zugewandtheit und Interesse für Svenjas Anliegen, Gefühle und Bedürfnisse. Was bedeutet es für Svenja, große Schwester zu sein? Welche Gefühle und Bedürfnisse stehen hinter ihrem Verhalten? Beschämung und Bestrafung für das Schubsen würden dazu führen, dass diese nicht gesehen werden und sich das herausfordernde Verhalten verfestigt.

Durch Offenheit und Verständnis kann ein Raum eröffnet werden, in dem sich die Bezugspersonen den Anliegen und Bedürfnissen von Svenja zuwenden und andere Strategien entwickeln können. Konkret könnte das so aussehen:

Svenja stößt Tim um, die Bezugsperson kommt hinzu, reguliert sich zunächst, damit Svenja nicht die ganze Empörung abbekommt.

Dann kann sich die Bezugsperson mit „Stopp, so nicht!" positionieren. Dann tröstet sie Tim und nimmt Svenja in den Arm. Hier geht es nicht um eine Täterin und ein Opfer, sondern um zwei Kinder, die von ihren Gefühlen überwältigt werden.

Wenn Tim sich beruhigt hat, braucht Svenja wieder liebevolle Zuwendung, ehrliches Interesse an ihren Gefühlen und die Entwicklung anderer Lösungsstrategien. Eine solche Lösungsstrategie könnte sein: „Wenn du Angst hast, dass Tim dir dein Spielzeug wegnimmt, dann gib ihm etwas anderes in die Hand, was dir nicht so wichtig ist. Und wenn das nicht reicht, dann hol mich, ich helfe dir gerne. Mir ist es wichtig, dass du dir keine Sorgen um dein Spielzeug machen musst. Tim wird noch lernen, dass er dir deine Sachen nicht einfach wegnehmen kann."

Kooperation garantiert das Überleben

Gerade in der Therapie und Pädagogik gibt es immer wieder Ansätze, dass das Kind, das auf die Welt kommt, bewusst geformt und angepasst werden muss, damit es gesellschaftsfähig wird. Andernfalls würde es seine Umwelt tyrannisieren und sich anderen gegenüber respektlos verhalten.

„Wenn du nicht aufpasst, dann wird aus deinem Kind ein Tyrann!" Ein Satz, den Eltern auch heute noch hören. So ging es auch mir: Mein Kind hat mit Schmerzen und Fieber bei einer Untersuchung viel geweint und nicht kooperiert. Den Satz sprach eine Ärztin, die kurz vor der Rente war.

Diese defizitorientierte Sichtweise hatte verschiedene Höhepunkte, z. B. im Nationalsozialismus mit dem damals meistverkauften Elternratgeber „Die deutsche Mutter und ihr erstes Kind“ von Johanna Harrer.

Auch der Behaviorismus, eine Richtung der Psychologie, die vor allem in den 1920er- bis 1960er-Jahren in den USA eine Blütezeit erlebte, zielt darauf ab, das Verhalten des Kindes mithilfe von positiven Verstärkern und unangenehmen Konsequenzen zu verändern, ohne die inneren Prozesse und Motivationen zu berücksichtigen.

Wenn wir nur auf den kurzfristigen Effekt schauen, kann es sogar funktionieren, das Verhalten unseres Kindes mithilfe von Belohnungen und Strafen zu manipulieren. Dann bräuchten wir uns über den konstruktiven Umgang mit Konflikten keine Gedanken zu machen. Meinungsverschiedenheiten wird mit Belohnungen und Strafen, vielleicht auch Konsequenzen genannt, begegnet.

Heute wissen wir u. a. aus der Bindungsforschung, die der Psychiater und Psychoanalytiker John Bowlby um 1960 auf den Weg gebracht hat, dass dies nicht notwendig ist, ja meist sogar schädlich. Kinder kommen als Teamplayer auf die Welt und haben ein angeborenes Bedürfnis nach Bindung und Kooperation mit ihren Bezugspersonen. Darüber hinaus wissen wir heute, dass es langfristige Folgen für die seelische Gesundheit hat, wenn innere Vorgänge, Bedürfnisse und Gefühle nicht beachtet werden und Kinder nicht lernen, sie gesund zu regulieren, sondern sie immer wieder unterdrücken müssen.

Probiere aus: Da der defizitorientierte Blick auf unser Kind und die Haltung, Kinder müssten sich anständig benehmen und zu Respekt erzogen werden, in unserer Gesellschaft immer noch verankert sind und viele von uns genau mit diesem Blick erzogen wurden, tragen wir alle diese Gedanken in uns. Manche mehr, manche weniger.

Wenn du gerade an den gestrigen Tag mit deinem Kind denkst, fallen dir sicher mehr Situationen ein, in denen dein Kind nicht kooperiert hat, wütend, laut oder ängstlich war und nicht deinen Erwartungen entsprochen hat. Ich möchte mit dir ganz bewusst den Blick wenden. Richte deinen Blick auf die Mitarbeit deines Kindes.

Fange schon morgens an und denke in kleinen Schritten. Ist dein Kind aufgestanden, wenn du es erwartet hast? Hat es sich angezogen/anziehen lassen? Habt ihr gefrühstückt? Seid ihr zur Kita/Schule gegangen? War es auf der Toilette? Hat es sich die Zähne geputzt? Ist es ins Auto/auf das Fahrrad gestiegen? Usw.

Vielleicht sagst du jetzt: „Hä, das sollte doch selbstverständlich sein?!“ Ich sage dir: Genau das macht einen wichtigen Unterschied. Schau auf die Momente der Kooperation und du wirst mit den Momenten, in denen dein Kind nicht mehr kooperiert, ganz anders umgehen können.

Nimm dir die nächste Woche jeden Abend zwei oder drei Minuten Zeit und reflektiere die vielen, vielen kleinen Momente, in deinen dein Kind kooperiert hat.

Du möchtest noch mehr davon mitnehmen? Dann schreibe dir jeden Abend alle Kooperationsmomente des Tages in ein Notizbuch; so siehst du auch die gesammelte Mitarbeit deines Kindes.

Deine Haltung, deine Entscheidung

Ob du einen Konflikt mit deinem Kind konstruktiv lösen kannst, sodass er nicht in einem Machtkampf endet, liegt maßgeblich an deiner Haltung. Je nach Haltung und Blickwinkel bewertest du die Situation anders und kannst somit anders auf sie reagieren.

Diese bewusste Steuerung des Blickwinkels brauchst du für einen konstruktiven Umgang mit Konflikten.

Schauen wir uns das an einem konkreten Beispiel an:
Es ist Abend und Zeit, um ins Bett zu gehen und die Zähne zu putzen. Blickst du mit dem **Tyrannenblick** drauf, könntest du Folgendes denken:

- „Mein Kind respektiert mich nicht und hört nicht auf das, was ich sage."
- „Mein Kind muss aber auch jeden Abend meine Grenzen testen. Das hätte ich mir nicht erlaubt, so benimmt sich ein gut erzogenes Kind nicht."
- „Mein Kind hält sich mal wieder nicht an die Absprachen."
- „Wenn es sich nicht mal die Zähne putzt, wenn es dran ist, wie soll es den dann jemals ..."
- „Ich habe als Elternteil voll versagt, wenn mein Kind nicht mal beim Zähneputzen mitmacht."

Blickst du jedoch mit dem **Blick des guten Grundes** auf die Situation, könntest du eher folgende Gedanken entwickeln:

- „Puh, mein Kind scheint sehr müde zu sein."
- „Meinem Kind fällt der Abschied vom Tag schwer."
- „Ich weiß zwar nicht, warum mein Kind jetzt nicht zum Zähneputzen geht, doch ich weiß, es hat einen guten Grund, den es vielleicht selbst nicht kennt. Ich weiß, dass es nicht gegen mich gerichtet ist, dass mein Kind jetzt nicht kooperiert."
- „Irgendwas ist heute, mein Kind braucht meine Unterstützung."
- „Mein Kind hat sich heute an so vielen Stellen am Tag angepasst, es war in der Schule, danach hat es Hausaufgaben gemacht und war im Flötenunterricht, jetzt kann es sich nicht mehr anpassen und braucht meine Unterstützung."

Und aus diesen sehr unterschiedlichen Gedanken können sehr unterschiedliche Handlungsstrategien entstehen. Mit den Gedanken, die aus dem **Tyrannenblick** heraus folgen, entstehen viel schneller Strafen, Empörungen und Machtkämpfe.

- „Wenn du jetzt nicht deine Zähne putzt, gibt es morgen keine Bildschirmzeit!“
- „Immer das Gleiche mit dir, nie kannst du dich an deine Absprachen halten, wegen dir bin ich so erschöpft.“
- „Du bist selbst schuld, wenn deine Zähne Löcher bekommen und wir nachher keine Zeit mehr zum Lesen haben.“
- „Dann gehst du halt alleine ins Bett, wenn du nicht willst.“

Vielleicht wird das Kind dann körperlich gepackt und zu den verletzenden Worten kommen noch körperliche Grenzüberschreitungen dazu, aus dieser Wut und Hilflosigkeit heraus, weil man ja im Kampf mit dem „Tyrannenkind“ ist.

Mit den Gedanken, die aus der **Perspektive des guten Grundes** entstehen, ist es viel leichter, konstruktive Handlungsmöglichkeiten zu entwickeln.

- Du beginnst ein kleines Spiel, z. B. ein Machtumkehrspiel (siehe Seite 191), damit dein Kind leichter kooperieren kann. „Du darfst jetzt auf keinen Fall ins Bad zum Zähneputzen, wehe du rennst jetzt zu deiner Zahnbürste!“
- Du begleitest den Übergang aktiv, gibst noch zwei Minuten Zeit zum Spielen und ihr nehmt dann das Spielzeug mit in Bad und Bett, um den Übergang leichter zu machen.
- Du schaust, wie ihr den Abend umgestalten könnt, damit der Übergang leichter wird: Vielleicht früher Zähne putzen, bevor das Kind so müde ist, und dann nochmal ein bisschen spielen?!

Die Lösungsstrategien können sehr unterschiedlich sein, doch sie entstehen viel leichter, wenn wir an den guten Grund glauben statt an den Tyrannen, daher ist es so entscheidend, wie wir auf unser Kind und den Konflikt schauen.

Haltung vor Handlung.
Unsere Haltung entscheidet über unser Handeln.

Probiere aus: Denke an den letzten Konflikt mit deinem Kind, bei dem du dich hilflos gefühlt hast. Bilde fünf Hypothesen eines guten Grundes. Notiere sie dir.

Auf Basis dieser fünf Hypothesen entwickle drei Strategien, wie du den Konflikt, falls er in Zukunft nochmal auf euch zukommen wird, mit deinem Kind konstruktiv angehen kannst. Gerne kann auch eine sehr unrealistische, dafür kreative Lösungsstrategie mit überlegt werden.

Beispiel: Du hast dich heute mit deinem Kind gestritten, weil es seinen Teller nicht abgeräumt hat.

Fünf mögliche Hypothesen:

- Dein Kind ist zu müde, um den Tisch abzuräumen.
- Dein Kind hat sich heute mit der besten Freundin gestritten und ist mit seinen Gedanken ganz woanders.
- Dein Kind muss dringend auf Toilette und lässt daher seinen Teller auf dem Tisch stehen.
- Dein Kind möchte noch schnell die Hausaufgaben für morgen machen und hat darüber das Abräumen des Tisches vergessen.
- Dein Kind möchte sein Zimmer aufräumen und dich damit überraschen und möchte, dass du länger in der Küche bleibst, damit es mehr Zeit hat, um dich zu überraschen. Daher lässt es den Teller bewusst liegen.

Vier mögliche Strategien:

- Du fragst dein Kind, was es jetzt machen möchte, bevor du einen Vorwurf formulierst.
- Du machst ein Spiel daraus, in dem dein Kind den Teller fast automatisch aufräumt.
- Du räumst den Teller deines Kindes ab und bittest es, das morgen wieder selbst zu machen.
- Du rufst einfach euren Küchenroboter, lässt deine Sachen auch auf dem Tisch stehen und legst dich mit deinem Kind aufs Sofa und ihr kuschelt gemeinsam, ihr beide hattet einen anstrengenden Tag, wie gut, dass ihr Robi habt.

Welche fünf Hypothesen würden bei euch passen und welche drei Strategien könntest du daraus entwickeln?

So kann Kooperation gelingen

Ja, Kinder kooperieren, doch manchmal machen sie das mehr und manchmal machen sie das weniger. Kooperation entsteht nicht in einem luftleeren Raum, sondern Kooperation entsteht in Beziehung, In diesem Abschnitt zeige ich dir vier Wege, die du nutzen kannst, damit dein Kind leichter kooperieren kann.

Verbindung Fühlt sich dein Kind mit dir verbunden, kann es viel leichter kooperieren. Verbindung stärkt Kooperation. Wie kann das im Alltag aussehen? Interessiere dich für die Themen deines Kindes, interessiere dich für die Meinung deines Kindes. Vielleicht habt ihr sogar eine gemeinsame Leidenschaft, dann baue euch genau dafür bewusst immer wieder Zeiten ein.

Spiel ist die Sprache deines Kindes, nutze sie. Die Welt der meisten Kinder ist das Spiel, tauche in sie ein. Das kann deinem Kind wunderbar eine Brücke zur Kooperation bauen. Dein Kind möchte sich nicht anziehen und losgehen? „Horche auf, hast du nicht gerade den

Notruf gehört? Ich glaube schon! Dann müssen sich die Feuerwehrleute schnell anziehen, um zum Einsatz zu kommen.“ Dein Kind mag morgens nicht aufstehen? Vielleicht mag es auf deinen Rücken steigen und mit dem Einhorn ins Badezimmer fliegen und danach zum Frühstückstisch? Auch außerhalb der Momente, in denen du die Kooperation deines Kindes brauchst, ist es wertvoll, miteinander zu spielen. Denn das schafft Verbindung. Dabei ist es gut, wenn du etwas findest, was dir auch Freude macht. Du brauchst auch nicht ewig spielen, lieber 15 Minuten mit Freude statt 5 Stunden ohne Lust und Motivation.

Verständnis Wenn dein Kind sich verstanden fühlt, fällt es ihm leichter zu kooperieren. Dein Kind ist nach der Kita müde und mag nicht mit einkaufen? Nimm dir erst mal einen Augenblick, um dein Kind zu verstehen. Frag nach: Worum geht es deinem Kind? Fühle dich in seine Situation und signalisiere deinem Kind, dass seine Gefühle nachvollziehbar sind. Auch das hilft deinem Kind zu kooperieren.

Orientierung Weiß dein Kind gerade überhaupt, um was es wirklich geht und an welcher Stelle du seine Kooperation brauchst? „Vielleicht können wir, wenn du fertig gespielt und gefrühstückt hast, zum Einkaufen zu fahren?“, „Vielleicht, eventuell, wenn du es dir vorstellen könntest, könntest du Mami bisschen Ruhe gönnen, damit sie sich dann möglicherweise ausruhen könnte?“ Du darfst zugewandt und klar sein. „Ich stelle uns den Wecker auf zehn Minuten, so lange kannst du noch spielen, dann gehen wir los, dein Brötchen kannst du im Fahrradanhänger essen und dann kannst du ruckzuck mit deinen Freund*innen im Kindergarten spielen“, „Ich lege mich zehn Minuten hin, du kannst etwas spielen, ich brauche jetzt die Ruhe.“ Orientierung gibt Sicherheit (siehe auch Kapitel „Dein Job: Orientierung, Klarheit & Sicherheit“).

Die Schatzkiste deines Kindes

Zum Thema Kooperation arbeite ich gern mit einem Bild, das mir selbst gut gefällt und das dir im Alltag helfen kann. Stell dir vor, dein Kind hat für jeden Tag eine Schatzkiste voller Edelsteine, jeder Edelstein steht für einen Kooperationsmoment, d. h., dein Kind passt sich an, bemüht sich, mitzuarbeiten. Es zieht sich morgens an, Investition: ein Edelstein, es putzt sich die Zähne, nächster Edelstein, es setzt sich zum Frühstück an den Esstisch, anstatt in sein Zimmer zu gehen, um zu spielen, ein Edelstein, und so weiter. Welche Anforderungen dein Kind wie viele Edelsteine kosten, ist sehr individuell. Manchmal, oft nach dem Kindergarten oder der Schule, gibt es Situationen, in denen die Schatzkiste deines Kindes leer ist, nichts mehr geht und dein Kind plötzlich wütend oder ganz weinerlich wird. Wenn die Schatztruhe mit den Edelsteinen leer ist, helfen keine Strafandrohungen und auch kein liebevolles Bitten und Erklären; dann braucht dein Kind neue Edelsteine. Es ist gut, wenn du im Alltag diese Schatzkiste mit den Edelsteinen im Blick hast und ein Gefühl dafür entwickeln kannst, dass dein Kind nicht immer plötzlich mit einer leeren Schatzkiste dasteht.

Was dein Kind besonders viele Edelsteine kostet und wie dein Kind neue Edelsteine in seine Schatzkiste bekommt, ist sehr individuell. Manche Kinder sammeln neue Edelsteine, wenn sie mit Gleichaltrigen spielen, andere Kinder kostet das mehr Energie, als es ihnen bringt. Manche laden sich zu Hause auf, wenn sie ein Hörbuch hören und mit Papa oder Mama kuscheln, andere laden sich auf, wenn sie sich frei und wild bewegen können.

Ich habe ein Kind, das sehr regelmäßig nach Kindergarten und Schule mit großer Wut aus Situationen kam und kommt, in denen es viel kooperiert hat. Die Auslöser sind unterschiedlich, oft klein und für mich scheinbar nichtig, wie die Frage, wie es heute im Kindergarten/

in der Schule war. Mittlerweile weiß ich, dass diese Wut meistens ein Zeichen dafür ist, dass mein Kind entweder auf die Toilette muss oder Hunger hat. Mein Kind liebt den Kindergarten und die Schule, doch vor lauter Spielbegeisterung achtet es dort nicht auf seine eigenen Grundbedürfnisse und das Spielen mit voller Blase und/oder leerem Magen führt dazu, dass die Schatzkiste schnell geleert ist. Wenn ich dann komme, spürt das Kind plötzlich seine eigene leere Schatzkiste und ist zu keiner Kooperation mehr fähig. Nach Toilettengang und/oder Essen und einer dicken Umarmung ist die Schatzkiste wieder so gefüllt, dass ein kooperativer Nachmittag mit Spiel, Spaß und Pausen möglich ist.

An dem Bild gefällt mir auch, dass die Kooperationsmomente als kleine Schätze anerkannt werden. Oft passiert es im Alltag, dass Eltern die Kooperation ihrer Kinder als selbstverständlich ansehen. Das Bild von der Schatzkiste macht deutlich, dass Kooperation wertvoll ist und auch dann und wann zugewandte Wertschätzung verdient. Ein „Wie schön, dass du dir schon die Zähne putzt“ oder „Das finde ich klasse, dass du dir schon mal die Jacke angezogen hast“ kann einen Unterschied machen in einem kooperativen Alltag mit Kind.

Auf einen Blick

Der gute Grund: Indem wir jedem Verhalten unseres Kindes einen guten Grund zugestehen, auch wenn wir das Verhalten nicht gut finden und den Grund gerade nicht erkennen können, verändert sich unser Umgang mit Konflikten.

Kooperation statt Gehorsam: Kooperation bedeutet nicht blinder Gehorsam. Kooperation bedeutet immer auch Beziehung, dein Kind kooperiert so gut es kann, so viel Energie es hat und ohne seine eigene Integrität zu verletzen.

Defizitorientierte Sichtweise überwinden: Die Vorstellung, dass Kinder bewusst und mit Strafen geformt werden müssen, ist überholt. Kinder kommen als Teamplayer auf die Welt und haben ein angeborenes Bedürfnis nach Bindung und Kooperation.

Bewusste Wahrnehmung: Die bewusste Steuerung des Blickwinkels beeinflusst den Umgang mit Konflikten. Statt im „Tyrannenblick“ zu verharren, ermöglicht der „Gute-Grund-Blick“ lösungsorientierte Strategien.

Haltung vor Handlung: Die eigene Haltung bestimmt das Handeln. Indem du dir bewusst machst, dass jedes Verhalten einen guten Grund hat, kannst du konstruktive Lösungsstrategien entwickeln.

Finde den guten Grund: Zur Übung kannst du bewusst Hypothesen bilden, um mögliche gute Gründe zu finden, die dein Kind haben könnte. Aufgrund dieser Hypothesen kannst du friedvolle Lösungsstrategien entwickeln.

So geht's: Verbindung, Verständnis und Orientierung helfen dem Kind zu kooperieren, das heißt, du kannst dein Kind aktiv dabei unterstützen, leichter kooperieren zu können.

Die Schatzkiste mit Edelsteinen: Das Bild von einer Schatzkiste, die mit Edelsteinen gefüllt ist, kann dir helfen, die Kooperation deines Kindes wertzuschätzen und abzuschätzen, wann die Fähigkeit zur Mitarbeit von deinem Kind erschöpft ist.

Dein Gehirn im Konflikt

Wenn wir mit Konflikten konstruktiv umgehen wollen, kommen wir nicht umhin, einen Blick in unser Gehirn, unsere Schaltzentrale, zu werfen. Denn wenn wir besser verstehen, wie unser Gehirn in Konflikten funktioniert – oder eben nicht –, wird vieles klarer.

Dir und mir ist klar, dass das Gehirn unglaublich komplex ist, dass Wissenschaftler*innen, die seit Jahren auf diesem Gebiet forschen, vielleicht nur einen Bruchteil des Gehirns und seiner Funktionsweise verstanden haben und dass sich unser Wissen auf diesem Gebiet rasant weiterentwickelt. Mein Ziel mit diesem Kapitel ist es nicht, jedes Detail der aktuellen Hirnforschung aufzuzeigen. Ich möchte mit dir die komplexen Funktionen des Gehirns auf ein Bild herunterbrechen, das dir helfen kann, Konflikte im Alltag mit deinem Kind klar und liebevoll zu lösen.

Man kann das Gehirn grob in drei Teilbereiche unterteilen. Diese drei Teile haben sehr unterschiedliche Aufgaben und arbeiten gleichzeitig sehr eng miteinander.

- Unten befindet sich das **Stammhirn.** Hier werden das Überleben und die Fortpflanzung gesichert. Die Atmung und der Herzschlag werden von hier aus gesteuert und dieser Teil des Gehirns ist maßgeblich daran beteiligt, wenn wir mit Schockstarre auf Lebensgefahr reagieren. Die Vorgänge im Stammhirn können wir nicht willentlich beeinflussen.
- Darüber liegt das **limbische System,** das sich in der Mitte des Gehirns befindet. Hier werden Gefühle, Lernerfahrungen und Sinnesreize, wie Gerüche, Geräusche und vieles mehr, sortiert und gespeichert. In diesem Bereich liegt auch die **Amygdala.** Sie ist sozusagen die innere Alarmanlage: Wenn Gefahr droht, wenn der Stress steigt, dann wird dieser Bereich des Gehirns aktiv und signalisiert Gefahr.

- Im dritten Bereich des Gehirns, dem **Kortex der Hirnrinde,** finden alle bewussten Verarbeitungen und Steuerungen statt. Hier befinden sich die Sprach- und Sprechzentren, die Impulskontrolle und vieles mehr.

Das Gehirn ist hierarchisch aufgebaut in dem Sinne, dass die unteren Bereiche die jeweils oberen in ihrer Funktion beeinflussen beziehungsweise einschränken. Wenn wir uns unsicher fühlen und unser Leben bedroht ist (Stammhirn!), schaltet unser Gehirn in den Überlebensmodus, in dem sowohl das limbische System, also das das Wahrnehmen, Sortieren und Speichern von Reizen, als auch der Kortex der Hirnrinde mit unserer bewussten Impulskontrolle und Sprach- und Sprechzentren stark beeinträchtigt sind. Im Fokus steht das Überleben, mehr geht nicht.

Ist das Gefühlszentrum, das limbische System, gerade sehr aktiv, sprich sind wir sehr traurig, wütend oder ängstlich, ist die Amygdala aktiviert. Ist die Amygdala aktiv, schaltet unser Gehirn in den Stress- oder Gefahrenmodus. Hier sind wir handlungsfähiger als im Überlebensmodus und trotzdem eingeschränkt in der Wahrnehmung. Wir können nicht mehr so feinfühlig und differenziert auf die Reize von außen reagieren. Teils nehmen wir sie gar nicht mehr wahr. Unser System ist auf Gefahr ausgerichtet und so nehmen wir Reize von außen schneller als solche wahr und reagieren eher aus einem Kampf- oder Fluchtmodus heraus. Dadurch ist die feinfühlige Reaktion auf andere beeinträchtigt. Auch im Stressmodus ist der Zugriff auf den Cortex, die Großhirnrinde, unser Sprach-, Denk- und Kontrollzentrum, eingeschränkt. An dieser Stelle mag ich dir gerne das Bild des USB-Sticks mitgeben – alle Daten sind da, doch es besteht aktuell kein Zugriff darauf. Oder vielleicht magst du lieber das Bild, dass der Cortex der Großhirnrinde aktuell nicht online ist, dass im Stress und bei Gefahr die Internetverbindung zur bewusst steuerbaren Schalt- und Kontrollzentrale gekappt ist.

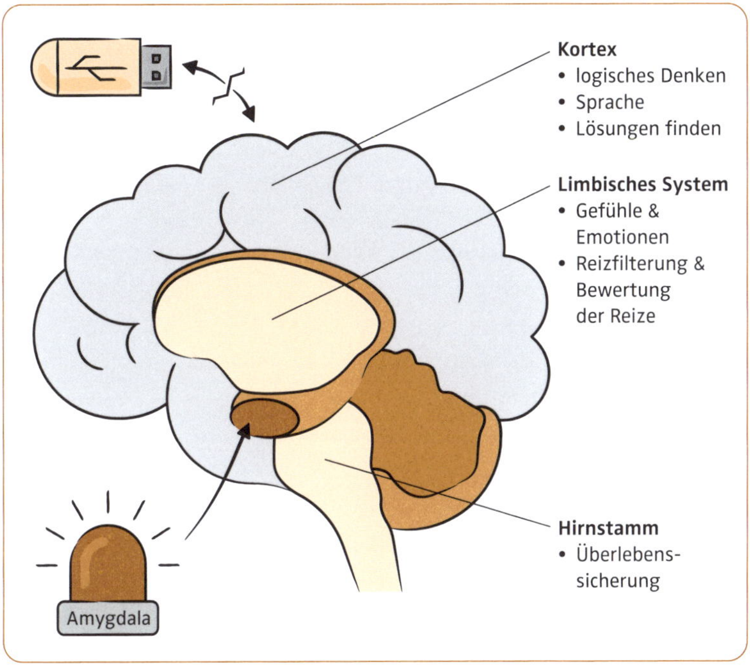

Das Gehirn und seine Funktion im Konflikt

Evolutionsbiologisch ergibt das Sinn – wenn der Säbelzahntiger vor uns steht und wir ums Überleben kämpfen müssen, hat das Priorität. In so einer Situation müssen wir weder rechnen können noch emotional sensibel und feinfühlig sein. Doch wenn unser Kind nicht das tut, was wir von ihm erwarten, dann signalisiert uns unser Gehirn manchmal auch höchste Gefahr und landet damit zunächst im sehr emotionalen und manchmal vielleicht auch im Überlebensmodus. Im Überlebensmodus können wir jedoch keinen Konflikt mit unserem Kind feinfühlig und konstruktiv lösen.

Safety first!

Doch was bedeutet das konkret für uns im Konflikt mit unserem Kind? Erklären, Verhandeln, Verstehen, Kompromisse, all das ist nur dann abrufbar, wenn das Gehirn sich sicher fühlt und die Gefühle reguliert sind. Deshalb gilt:

Regulierung vor Erklärung oder Verhandlung.

Das heißt: Solange starke Gefühle wie Wut, Angst oder Trauer aktiv sind, kannst weder du noch dein Kind den notwendigen Perspektivwechsel vollziehen und lösungsorientiert denken. Solange dein Kind voller Gefühle ist, wird es deine Erklärungen und Ermahnungen nicht verstehen. Daher geht es bei starken Gefühlen im Konflikt erst mal darum, sich selbst zu regulieren:

Du ärgerst dich über das Kind? Schau auf dich: Was brauchst du jetzt, um dich zu regulieren? Was brauchst du, damit dein Gehirn Sicherheit signalisieren kann? Erst, wenn du deine eigene Gefühlswelle geritten bist, ergibt es Sinn, an den nächsten Schritt zu denken. Unterstütze jetzt dein Kind, die eigenen Gefühlswellen zu reiten und Sicherheit zu spüren. Was dein Kind dabei braucht, ist sehr individuell:

- Verständnis
- Körperkontakt
- feinfühlige und zugewandte Rangeleien
- Raum für sich

Wörter, die ihr gemeinsam für eure Bedürfnisse findet, können dabei wichtige Puzzlestücke sein.

Unterschiedliche Regulationsmöglichkeiten

Wenn die Amygdala, die Alarmanlage, an ist, ist die Schalt- und Kontrollzentrale nicht erreichbar. Kümmere dich zuerst um deine Amygdala, dann um die Amygdala deines Kindes und erst dann sind die Schaltzentralen wieder funktionsfähig.

Ein Weg, die Amygdala zu beruhigen, ist die **Co-Regulation.** Durch unser Nervensystem und die Spiegelneuronen sind Menschen auch ohne Worte miteinander verbunden. Bei der Co-Regulation spielen weniger die Worte als die Gefühlslage und das körperliche Empfinden eine Rolle.

Indem die Bezugsperson für sich selbst einen Umgang mit ihren Gefühlen findet und Vertrauen gewinnt, kann sie diese Sicherheit mit wenigen oder gar keinen Worten an ihr Kind weitergeben. Deshalb ist es wichtig, sich bei der Co-Regulation zuerst auf sich selbst und dann auf das Kind zu konzentrieren. Manchmal sind Worte wichtig, manchmal sind Berührungen wichtig und manchmal geht es auch darum, der Wut des Kindes mit Gelassenheit Raum und Verständnis zu geben.

ERST DIE REGULATION, DANN DIE LÖSUNG

Emil und Edda, vier und sechs Jahre alt, streiten sich darum, wer zuerst ins Auto steigen darf, um zur Oma zu fahren. Edda nutzt ihre körperliche Überlegenheit aus und zieht Emil ziemlich grob weg.

Der erste Impuls ihrer Mutter ist es, Edda zur Rede zu stellen, ihr zu erklären, dass das nicht geht, und von ihren Werten des friedlichen Miteinanders zu erzählen: „Edda, hör auf, Emil so grob zu ziehen, das macht man nicht! Ich will, dass ihr euch nicht ärgert und nett zueinander seid." Aber die Kinder hören nicht – wir wissen, dass das nicht geht, wenn wir das Gehirn verstehen. Sie fühlt sich übergangen, ihre Wut wird noch größer und es entsteht eine Spirale des Machtkampfes.

Hält die Mutters sich stattdessen an die Regel: „Regulation vor Erklärung und Strategie", dann könnte das so aussehen:

Sie sieht die beiden streiten und nimmt sich ein paar Momente Zeit, um sich bewusst zu regulieren, einmal freundlich und zugewandt zu schauen und den Ärger und die Wut, vielleicht auch die Sorge ein wenig beiseitezulegen (Selbstregulation). Erst dann geht sie in Kontakt mit den Kindern und bietet zunächst Regulierung und Verständnis an:

„Boah, ich sehe, ihr ärgert euch gerade beide, wollt ihr zuerst zu mir kommen, damit ich euch in den Arm nehmen kann? Emil und Edda, was für ein Kampf, stopp, erzählt mal, was los ist."

Und erst wenn die Gefühle reguliert sind, geht es weiter. An dieser Stelle kann sie dann Emil einladen, zuerst seine Version der Geschichte zu erzählen, und dann die Position von Edda zu verstehen, und umgekehrt. Sie kann die Dinge erklären, die ihr wichtig sind und es können Lösungsstrategien entwickelt werden.

Das könnte in diesem Fall so aussehen, dass ein Kind auf dem Hinweg zuerst einsteigen darf und das andere auf dem Rückweg.

Das Handmodell

Wenn unsere Kinder im Grundschulalter sind, können wir ihnen das Modell vom Gehirn auch erklären. Das kann ihnen helfen, sich selbst besser zu verstehen und sich dadurch besser zu regulieren und zu steuern.

Zur Unterstützung und Visualisierung gibt es das Handmodell von Daniel Siegel. Wie der Name schon sagt, nehmen wir unsere Hand als Modell, klappen den Daumen ein und schließen die Faust darüber. Diese geschlossene Faust soll unser voll funktionsfähiges integriertes Gehirn darstellen. Die Finger stellen die Hirnrinde dar, der eingeklappte Daumen das limbische System und die Handfläche zum Handgelenk hin das Stammhirn.

Ist die Hand geschlossen, symbolisiert sie den Zustand des gut integrierten Gehirns: Die Schalt- und Planungszentrale im Kortex kann einwandfrei arbeiten. Sind die vier Finger der geöffneten Hand ausgestreckt, symbolisiert dies den Zustand, dass das limbische System gerade aktiv ist und somit die Schalt- und Planungszentrale im Kortex nicht erreichen kann. Ist auch der Daumen ausgestreckt, symbolisiert das den Zustand, dass das Gehirn gerade im Überlebensmodus ist und weder das limbische System noch der Kortex zu erreichen sind.

Dieses Bild kann den Kindern auch verdeutlichen, dass zuerst die Regulation der Gefühle an der Reihe ist und erst dann die Impulskontrolle und das Verstehen funktionieren und man gemeinsam Lösungen finden kann.

Bei zwei meiner drei Kinder verwende ich sehr gerne das Handmodell. Es hilft den Kindern, ein eigenes Verständnis für ihre Gefühle zu bekommen. Dadurch, dass die Kinder ihre eigenen Gefühle und Handlungen selbst besser verstehen und einschätzen können, können sie diese auch immer leichter regulieren.

Bei uns zu Hause wissen alle: Wenn die Gefühle gerade heftig sind, ist das nicht der Zeitpunkt, um gute Lösungen zu finden. Sondern dann geht es erst einmal darum, dass sich die Gefühle wieder etwas beruhigen. Und erst dann kann man sich um Lösungen kümmern.

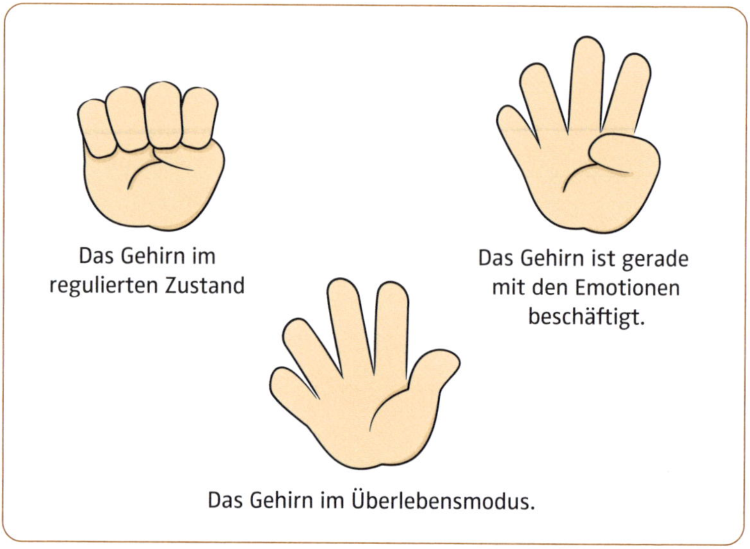

Handmodell nach Daniel Siegel

Wenn wir uns beispielsweise gerade wild um den Zustand eines aufgeräumten oder weniger aufgeräumten Zimmers austauschen und das Kind heftig schimpft, kann ich sagen: „Lass uns erst mal unser Hirn wieder beruhigen! Ich bin zuversichtlich, dass wir eine Lösung finden, die für alle okay ist, wenn das Kontrollzentrum wieder online ist.“

Auf einen Blick

Gehirnstruktur: Das Gehirn kann man funktionell grob in drei Teile aufteilen – in das Stammhirn (verantwortlich für Überlebensfunktionen), das limbische System (verantwortlich für Aufnahme, Zuordnung und Speicherung von Reizen und der Bereich der Emotionen) und den Cortex der Hirnrinde (zuständig für komplexere Denkprozesse sowie bewusste Steuerung).

Überleben und Sicherheit gehen vor: Im Stress- und Überlebensmodus fokussiert sich das Gehirn so sehr auf diese Funktionen, dass andere Bereiche im Gehirn, wie die Feinfühligkeit und der logische Verstand, nicht mehr voll funktionsfähig sind.

Konfliktsituationen: Liebevolle und klare Konfliktlösungen sind nur möglich, wenn das Gehirn weder im Überlebens- noch im Stressmodus ist.

Bild des USB-Sticks: Das Bild eines USB-Sticks veranschaulicht, dass in emotionalen Stressphasen die Daten zwar vorhanden sind, aber der Zugang zu ihnen fehlt.

Konfliktlösung mit Kindern: Dein Kind kann dir erst zuhören und Lösungen finden, wenn die starken Gefühle reguliert sind. Hier braucht dein Kind meist noch Unterstützung, was man Co-Regulation nennt.

Erst ich, dann du: Das eigene Kind in der Regulation der großen Gefühle zu unterstützen, setzt voraus, dass man selbst sich nicht in emotionaler Not befindet. Aus der Sicherheit heraus ist es möglich, dem Kind Sicherheit zu signalisieren.

Das Handmodell hilft Kindern, sich selbst und andere im Konflikt besser zu verstehen: Für Kinder ab dem frühen und mittleren Grundschulalter kann das Handmodell eine hilfreiche Methode sein, um Gefühle und Reaktionen von sich und anderen besser einordnen und sich selbst besser steuern zu können.

Emotionsregulation vor Lösungen: Das Handmodell verdeutlicht, dass die Emotionsregulation Vorrang hat. Bevor konstruktive Lösungen gefunden werden können, müssen erst die starken Gefühle reguliert sein.

Die Konfliktlösungspyramide

Mit dem Wissen, wie das Gehirn im Konflikt funktioniert oder auch nicht, können wir drei Schritte ableiten, die für jeden konstruktiven Konflikt nötig sind. Ich habe sie in Form einer dreistöckigen Pyramide gebracht.

Dreistöckige Konfliktpyramide

Um eine friedvolle Lösung zu finden, brauchen wir alle drei Ebenen, besonders die erste und zweite Ebene sind wichtig. Die dritte ist tatsächlich optional, obwohl wir meist nur die diese Ebene im Kopf haben.

Um einen Konflikt konstruktiv lösen zu können, muss es immer erst mal um Sicherheit gehen, alle Beteiligten müssen sich sicher fühlen.

Erster Stock: Sicherheit

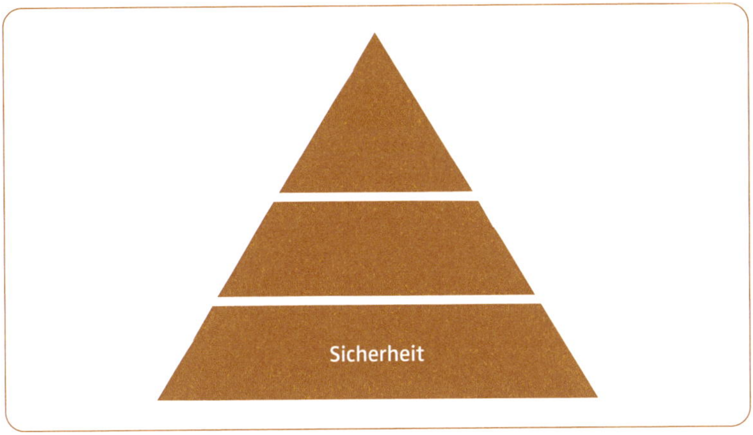

Im zweiten Schritt geht es dann um die Gefühle und Emotionen. Sie sollen (an)erkannt und sortiert werden.

Zweiter Stock: Gefühle erkennen und sortieren

Erst danach sind wir fähig, erst dann ist unser Gehirn in der Lage, konstruktive Lösungen zu entwickeln.

Dritter Stock: Lösung finden

Nicht immer finden wir eine konstruktive Lösung im vielfältigen und bunten Familienleben. Doch tatsächlich ist das gar nicht so entscheidend, wenn wir Stufe 1 und 2 unserer Pyramide anwenden. Denn dann fühlen sich alle Beteiligten sicher und gesehen, und das ist für ein friedvolles Familienleben entscheidender, als dass es für jeden Konflikt die perfekte Lösung gibt.

In drei Schritten zur Lösung

Alex, 9 Jahre, kommt empört nach Hause und begrüßt seinen Vater mit den Worten: „Ich gehe nie wieder in diese blöde Schule."

Statt sofort auf der Handlungsebene zu reagieren, z. B. mit Empörung oder Erklärungen, kann der Vater nun zunächst mit der ersten Ebene der Konfliktpyramide reagieren: Sicherheit. Dazu braucht der Vater selbst die klare Haltung des guten Grundes und die Zuversicht, gemeinsam mit dem Kind eine Lösung zu finden. Sätze, die er aus dieser Haltung heraus sagen könnte, sind:

- *„Komm erst einmal an."*
- *„Warte, Schritt für Schritt, jetzt möchte ich dir erst einmal in Ruhe zuhören."*
- *„Boah, ich sehe, wie wütend du bist, jetzt bist du erst mal zu Hause, das ist gut."*

Auf der zweiten Ebene geht es dann darum: Gefühle ernst nehmen und sortieren. Jetzt heißt es, erst mal zuhören und interessiert nachfragen oder abwarten; manche Menschen brauchen auch etwas Raum und Zeit, um gesprächsbereit zu werden. Hilfreiche Sätze an dieser Stelle könnten sein:

- *„Ich möchte dir jetzt in Ruhe zuhören, erzähl mir, was dich so wütend macht."*
- *„Habe ich das richtig verstanden, XY hat dich so wütend gemacht?"*
- *„Oh ja, das kann ich verstehen, dass du das nicht wolltest."*

Wichtig ist hier, dass Alex sich verstanden fühlt und er eine Co-Regulation erfährt. Der Vater muss nicht mit Alex einer Meinung sein, doch er sollte die Perspektive von Alex verstehen.

Der Austausch muss nicht lange dauern, er kann auch nebenbei bei einem Spiel o. Ä. passieren. Manchen Menschen fällt es etwas leichter, über ihre Gefühle zu sprechen, wenn diese nicht im Fokus stehen.

An dieser Stelle kann dann auch ein Perspektivwechsel für Alex begleitet werden: Wie haben sich andere Beteiligte in der Situation verhalten?

Diese beiden Ebenen sind das Wichtigste und gleichzeitig die Grundlage dafür, dass es dann konkret um eine Lösung geht: Was braucht Alex, um wieder zur Schule gehen zu können? Welche Schritte sind notwendig?

Macht und Verantwortung

In einem Konflikt ist der erste Impuls meist, sich selbst oder einen Sachverhalt zu erklären. Jede Person möchte mit ihrem Anliegen gesehen werden. Um einen Konflikt klar und liebevoll lösen zu können, ist es jedoch unerlässlich, zuzuhören und das Anliegen des oder der anderen zu verstehen. Das gilt für jeden Konflikt. Und erst recht für den Konflikt mit dem eigenen Kind. Zwischen dir und deinem Kind besteht ein Machtgefälle: Ob du es willst oder nicht, du als Erwachsene*r hast mehr Macht als dein Kind. Du bestimmst mehr, du kannst dich besser ausdrücken und du bist deinem Kind körperlich überlegen, zumindest bis zur Pubertät. Und gerade, weil du diese Macht hast, ist es umso wichtiger, dass du sie auch in Konflikten nicht missbrauchst. Deshalb ist ein ganz wichtiger und grundlegender Schritt, dass du bereit bist, deinem Kind zuzuhören und sein Anliegen zu verstehen. Egal, ob du das Anliegen gut findest oder nicht, es geht darum, es zu verstehen.

Auf einen Blick

Modell für eine zugewandte Konfliktlösung: Um Konflikte mit dem Kind zugewandt lösen zu können, ist das Modell der Konfliktpyramide mit drei Ebenen hilfreich.

Sicherheit schaffen: Die Basis für eine friedliche Lösung ist die (emotionale) Sicherheit aller Beteiligten. (1. Stock)

Gefühle erkennen und sortieren: Im zweiten Schritt geht es darum, die Gefühle und Emotionen anzuerkennen, zu sortieren und zu regulieren. (2. Stock)

Konstruktive Lösungen entwickeln: Erst nachdem (emotionale) Sicherheit geschaffen und die Gefühle sortiert wurden, ist das Gehirn in der Lage, sinnvolle Lösungen für den Konflikt zu entwickeln. (3. Stock)

Verständnis wichtiger als Lösung: Es ist nicht immer wichtig, die dritte Ebene zu erreichen und den Konflikt zu lösen. Wichtig sind die Stockwerke 1 und 2; wichtig ist, dass das Kind wieder emotionale Sicherheit gewinnt und sich verstanden fühlt. Das ist entscheidend für ein friedliches Zusammenleben und einen guten Umgang mit Konflikten. Natürlich ist eine für alle zufriedenstellende Lösung schön, jedoch nicht immer möglich und auch nicht notwendig.

Verantwortung übernehmen: Eltern haben die Macht und auch die Verantwortung, Konflikte lösungsorientiert und zugewandt zu gestalten. Diese Verantwortung können sie nicht an die Kinder übergeben.

Das mitfühlende Gespräch

Um das Anliegen deines Kindes zu verstehen, ist ein offenes und interessiertes Gespräch hilfreich. Dabei geht es darum, dass du dich in dein Kind hineinversetzt, um zu spüren, was es gerade bewegt. Du kannst dich auch in den Kontext hineinfühlen oder hineindenken. In welcher Situation lebt dein Kind gerade? Welche Entwicklungsaufgaben und Herausforderungen stehen gerade in seinem Leben an? Wie fühlt es sich gerade an, in den Schuhen des eigenen Kindes zu stecken?

Also überlege dir gerne und fühle dich einmal rein:

- Wie war der heutige Tag für dein Kind? An welchen Stellen musste es heute mitarbeiten und sich anpassen?
- Welche Bedeutung hat dieses Anliegen, um das es für dein Kind gerade geht?
- Wie sieht der Alltag deines Kindes aus?
- Welche Entwicklungsaufgaben muss dein Kind gerade bewältigen?

Diese Fragen kannst du dir gerne auch während des Konflikts stellen. Doch manchmal sind wir zu sehr in unseren eigenen Gedanken und Gefühlen gefangen, als dass uns das so einfach gelingen könnte. Deshalb kannst du diese Einfühlung auch im Nachhinein machen, vielleicht abends bei einem warmen Tee auf dem Sofa.

Du wirst überrascht sein, wie viel leichter und zunehmend automatisierter es dir im Alltag gelingen kann, dich in dein Kind einzufühlen, wenn du das auch ab und zu in Ruhe tust. Es geht dabei nicht darum, in ein Mitleiden zu gehen, um dann in einem schlechten Gewissen zu versinken. Sondern es geht darum, die Perspektive deines Kindes einzunehmen, ohne die eigene Stabilität zu verlieren. Und dann ist das interessierte und verstehende Zuhören wichtig. Führe ein Gespräch mit deinem Kind, nicht mit dem Ziel, eine Lösung zu finden, nicht mit dem Ziel, das Verhalten deines Kindes zu ändern, nicht mit dem Ziel, dass dein Kind deine Anliegen versteht, sondern mit dem Ziel, dass du dein Kind verstehst.

Dazu kannst du diese oder ähnliche Fragen stellen:

- „Kannst du mir einmal sagen, was dir jetzt so wichtig ist? Ich möchte das noch noch besser verstehen können."
- „Magst du mir einmal sagen, was dich gerade genau so wütend macht? Ich möchte dich da noch besser verstehen."
- „Wenn ich dich richtig verstehe, hast du gerade Sorgen oder Angst. Kannst du mir einmal ganz genau sagen, wovor? Das möchte ich noch besser verstehen können."

Dann kannst du weiter nachfragen, mitfühlen und dich rückversichern, ob du dein Kind verstanden hast, ob du die Sicht des Kindes sehen kannst.

- „Habe ich das richtig verstanden, dass du XY meinst?"
- „Ach ja, ich kann verstehen, dass du das so und so siehst; das hast du so gemeint, oder?"

- „Du willst unbedingt XY? Das ist dir wichtig?! Kann man das so sagen?“

Du kennst dein Kind ja auch gut. Vielleicht hast du dich auch schon eingefühlt und hast Erfahrungswerte. Bei Nachfragen kannst du auch Hypothesen einbringen, wie:

- „Könnte es sein, dass dir auch gerade kalt ist und du deshalb auf keinen Fall XY möchtest und unbedingt YZ?“
- „Ich kann mir auch vorstellen, dass du jetzt so traurig bist, weil du dich eigentlich sehr darauf gefreut hast und jetzt besonders sauer und bestimmt auch traurig bist, weil ...?“
- „War das jetzt vielleicht auch blöd für dich, dass ich ...?“

Verständnis bedeutet nicht Zustimmung! Auch wenn du bereit bist, dein Kind an dieser Stelle zu verstehen, musst du sein Verhalten dennoch nicht gut finden. Sei offen für die Gleichzeitigkeit. Du kannst nachvollziehen, warum dein Kind so traurig und wütend war, dass Oma nicht gekommen ist. Doch du musst nicht gut finden, dass es dann im Frust das Bauwerk seines Bruders kaputt gemacht hat.

Auf einen Blick

Offenes Gespräch mit ehrlichem Interesse und Empathie: Führe ein offenes Gespräch, um das Anliegen deines Kindes zu verstehen. Versetze dich in seine Lage, spüre Emotionen nach und erkenne auch den Kontext. Wie geht es deinem Kind gerade in seinem Leben, in seinem Umfeld?

Mehr Fragen als Antworten und Erklärungen geben: Mit verschiedenen Fragen und Rückversicherungen, ob das Gehörte wirklich richtig verstanden wurde, kannst du die Perspektive deines Kindes noch besser erfassen und dein Kind fühlt sich besser verstanden.

Verständnis bedeutet nicht Zustimmung: Du solltest dein Kind wirklich verstehen können, auch seine Reaktionen aus seiner Perspektive, doch du musst seine Handlungen nicht gutheißen. Beides kann nebeneinanderstehen.

Vorschuss: Du möchtest Verständnis oder Empathie von deinem Kind für dich oder andere, deshalb schenke du vorher deinem Kind Verständnis und Empathie.

Der Perspektivwechsel

Wenn du die Themen deines Kindes erfasst hast und dein Kind sich verstanden fühlt, kannst du je nach Alter Schritt für Schritt begleiten, wie es den Perspektivwechsel hin zu dir übernimmt.

Dabei ist es wichtig, dass es nicht darum geht, das Kind zu beschämen: „Schau mal, weil du so ein Theater gemacht hast, musste ich hier so lange in der Kälte ausharren."

Es geht auch nicht darum, dem Kind die Verantwortung für die eigenen Gefühle zu übergeben: „Du hast mich in der Wut so beleidigt, jetzt bin ich ganz traurig."

Es geht auch nicht, dass die erwachsene Person sich erklären und rechtfertigen möchte: „Weißt du, du warst so langsam und ich hatte so viel Stress auf der Arbeit, da musst du verstehen, da bin ich laut geworden. Bitte nimm die Entschuldigung an, ich wollte das nicht."

Und es geht an dieser Stelle tatsächlich auch nicht darum, dass das Kind die andere Perspektive versteht und sich deshalb anders verhält.

Es geht darum, dass wir unser Anliegen und uns in authentischen (jedoch nicht unregulierten) Gefühlen zeigen können. Es geht darum, das Kind dabei zu begleiten, den eigenen Horizont zu erweitern und es erfahren zu lassen, dass andere Menschen Situationen anders wahrnehmen können und auch Gefühle, Bedürfnisse und Anliegen haben, die unterschiedlich zu den eigenen sein können.

AUTHENTISCHE VS. UNGEFILTERTE GEFÜHLE

Es gibt immer wieder Missverständnisse. Wenn Kinder von ihren Eltern ungefilterte Wut, Empörung oder Ängste abbekommen, heißt es oft: „Wieso? Ich bin einfach nur authentisch und das Kind darf erleben, dass auch ich Gefühle haben kann." Wenn unsere Gefühle aber so überborden, dass wir unsere Kinder beschämen, dann sind es nicht mehr authentische Gefühle, die wir noch zurückhalten können, sondern aufgestaute Gefühle, die wir nicht mehr zurückhalten können.

Was meine ich damit? Wenn du dich mit deinen Gefühlen deinen Werten entsprechend verhalten kannst, dann sind das authentische Gefühle, und die kann dein Kind gerne erleben. Übermannen dich jedoch die Gefühle so sehr, dass du den Zugang zu dir verlierst und dich nicht mehr entsprechend deiner Werte verhalten kannst, dann haben dich die Gefühle überschwemmt.

Dabei ist auch die Entwicklung des Kindes zu beachten.

Erst etwa ab dem Vor- beziehungsweise Grundschulalter können Kinder die gedankliche Leistung erbringen, sich in die Perspektive des anderen hineinzuversetzen. Erst dann kann dein Kind den gedanklichen Schritt machen, dass andere Menschen eine andere Sicht auf die Dinge haben und die Situation anders wahrnehmen. Diese gedankliche Leistung kann auch nur erbracht werden, wenn das Kind emotional beruhigt und sicher und das Gehirn voll funktionsfähig ist (siehe Seite 115).

Neurodivergente Kinder, Kinder mit ADHS oder Autismus und oft auch gefühlsstarke und hochsensible Kinder brauchen häufig für diesen Entwicklungsschritt zwei bis fünf Jahre länger als neurotypische Kinder. Daher ist es wichtig, dass du die Erwartung nicht an das Alter, sondern an die tatsächliche Entwicklung orientierst.

NEURODIVERGENZ

Ich nutze hier den Begriff Neurodivergenz. Er ist aus der Community selbst entstanden und ist eine Selbstbezeichnung. Neurodivergent beschreibt, dass einige Gehirne sich in ihrer Art zu arbeiten von anderen, der sogenannten Norm (neurotypisch), deutlich unterscheiden. Das kann die Wahrnehmung, die Stoffwechselverarbeitung und/oder die Art und Weise betreffen, wie die Gehirnbereiche miteinander arbeiten. Bei Neurodivergenz sprechen wir von Diagnosen wie ADHS, ASS, LRS, Hochbegabung, Legasthenie. In der Fachwelt unterschiedlich eingeordnet werden Gefühlsstärke (nach Nora Imlau) und Hochsensibilität.

In diesem Buch ist es mir wichtig, dafür zu sensibilisieren, dass es Unterschiede in der Wahrnehmung und Verarbeitung von Reizen gibt und das natürlich auch Auswirkungen auf den Umgang mit Konflikten hat, bei Eltern und/oder ihrem Kind. Dabei sehe ich die Diagnosen nicht als Krankheiten, die es zu heilen gilt, sondern als neurologische Vielfalt. Der Begriff Neurodivergenz ist noch nicht wissenschaftlich definiert, er wird überwiegend von selbst betroffenen Menschen genutzt und beschrieben.

Gegenüber Kindern, die den Entwicklungsschritt der Perspektivübernahme noch nicht gegangen sind, kannst du vor allem einfache Bedürfnisse und Anliegen von dir nennen, etwa so:

- „Ich hatte Hunger und ich wollte etwas essen. Du wolltest noch auf dem Spielplatz bleiben und ich wollte nach Hause."
- „Das tut mir weh, aua, ich möchte nicht gehauen werden."
- „Ich bin müde und brauche neue Kraft, ich mache jetzt eine Pause und dann habe ich neue Kraft und kann wieder mit dir spielen."

Mit Kindern, denen dieser Entwicklungsschritt bereits gelungen ist, kannst du etwas weiter gehen. Du kannst vielleicht auch Beweggründe erklären:

- „Meine Aufgabe ist es, alle Kinder im Auge zu behalten, deshalb kann ich jetzt nicht mitkommen."
- „Ich bin heute müde und habe nicht viel Energie, deshalb möchte ich heute nicht ins Schwimmbad gehen. Wenn ich ohne Energie ins Schwimmbad gehe, werde ich schnell ungeduldig und laut, und das möchte ich nicht."
- „Mir ist es wichtig, pünktlich auf der Arbeit zu sein, daher ist es mir wichtig, dass ich rechtzeitig mit dem Frühstück anfange."

Achtung mit dem Wort „aber". Indem wir das Wort „aber" nutzen, relativeren wir meist das vorher Gesagte. Sprich du kannst dein Kind noch so feinfühlig verstehen, wenn du dann das Wort „aber" einsetzt, zählt das nicht mehr und der Fokus ist auf dem, was nach dem „aber" steht. Probiere mal lieber, ein „und" an diese Stelle zu setzen, so können beide Anliegen nebeneinanderstehen, ohne dass das eine durch das andere relativiert wird: „Ich verstehe, dass du auf dem Spielplatz bleiben wolltest, aber du darfst mir nicht wehtun" vs. „Ich verstehe, dass du auf dem Spielplatz bleiben wolltest und ich möchte, dass wir Wege finden, das zu diskutieren, ohne dass du mir wehtust."

VOM MACHTKAMPF ZUM VERSTÄNDNIS

Die Zweitklässlerin Jana verweigert sich bei den Hausaufgaben häufig und sehr schnell landen dann Mutter und Kind in einem Machtkampf. Ihre Mutter erklärt immer wieder die Notwendigkeit der Hausaufgaben und überlegt sich auch Strategien, wie die Tochter die Hausaufgaben gut umsetzen könnte. Doch sie erreicht ihre Tochter nicht damit und so schaukelt sich der Frust auf beiden Seiten hoch.

Nachdem wir in der Beratung die Bedeutung der Perspektivübernahme besprochen haben, lösen sich die Machtkämpfe zu Hause auf und Mutter und Kind stehen nebeneinander, um die Hausaufgaben zu erledigen. Wie sah das konkret aus?

Da die Situation schon ziemlich festgefahren war, richtete die Mutter außerhalb der Hausaufgabensituation einen Moment ein, in dem sie mit ihrer Tochter entspannt beim Inlineskaten war und begann ein Gespräch.

„Jana, magst du mir mal erzählen, was genau das Doofste für dich bei den Hausaufgaben ist? Ich möchte dir mal richtig gut zuhören, damit ich es wirklich verstehen kann." Erst möchte die Tochter nicht darüber sprechen. Nachdem die Mutter versprochen hat, dieses Mal keine Tipps zu geben und wirklich nur verstehen zu wollen, erzählt die Tochter. Beim Nachfragen konnte die Mutter verstehen, dass die Tochter gerade Konflikte mit Freundinnen hat, dass sie ihre Ideen gerade häufig überhört und dann müde und traurig ist und Hausaufgaben machen soll.

Die vielen Tipps der Mutter überfordern sie und sie hat dann oft keine Zeit, selbst nachzudenken. Wenn sie dann ihre Mutter beschimpft, kann sie all ihre Wut rauslassen. Die Wut darüber, dass ihre Freundinnen ihr nicht zuhören, der Frust darüber, dass die Hausaufgaben so schwer sind, die Müdigkeit und außerdem muss man beim Streiten weniger nachdenken als bei den Mathe-Aufgaben.

Die Mutter hörte zu, fragte nach und fühlte mit. Sie versuchte, weder Dinge klarzustellen noch sich oder Sachverhalte zu erklären. Nach einer Weile nahm sie sogar ihre Tochter in den Arm und bedankte sich für das Vertrauen. Sie sagte ihrer Tochter, dass sie gut verstehen kann, dass sich das alles ziemlich viel anfühlt.

Nachdem sie eine Weile weitergefahren waren, fragte die Mutter ihre Tochter, ob sie bereit wäre, ihr zuzuhören, wie es der Mutter mit der Hausaufgabensituation geht. Zunächst verneinte die Tochter. Die Mutter konnte das an der Stelle gut stehenlassen. Nach ein paar Minuten meinte die Tochter dann: „Okay, Mama. Dann sag mal, wie geht es dir bei den Hausaufgaben?"

Die Mutter erzählte in kurzen Worten, dass sie gerne helfen möchte, doch nicht weiß, wie, und dass es ihr wichtig ist, dass die Hausaufgaben gemacht werden. Gleichzeitig betonte sie, dass es ihr wichtig ist, dass die Hausaufgaben gemacht werden, dass es ihr aber vor allem wichtig ist, dass sie sich gut verstehen und dass sie zuversichtlich ist, dass sie beides schaffen.

Im Ganzen dauerte das Gespräch mit Unterbrechungen und Inlinerfahren vielleicht sechs bis zehn Minuten. Obwohl an dieser Stelle noch keine Lösungsstrategien besprochen wurden, führte das Verständnis füreinander zu viel Verbindung. Bei einem weiteren Gespräch konnten sie kleine praktische Änderungen der Hausaufgabensituation besprechen und diesen Konflik damit lösen.

Doch um überhaupt an den Punkt zu kommen, dass sie über die praktischen Umsetzungspunkte sprechen konnten, war dieses Gespräch beim Inlineskaten nötig.

Das verstehende Zuhören ist sehr hilfreich für die zweite Ebene der Konfliktpyramide: Gefühle annehmen und sortieren.

Auf einen Blick

Begleite den Perspektivwechsel deines Kindes: Nachdem sich dein Kind verstanden gefühlt hat und seine Sicht der Dinge darlegen durfte, ist es bereit, auch deiner Perspektive zuzuhören.

Entwicklungsstand berücksichtigen: Kinder entwickeln rund um die Grundschulzeit die Fähigkeit, die Perspektive des Gegenübers einzunehmen, und das auch nur, wenn die Emotionen gerade gut reguliert sind. Ist dein Kind jünger, ist es wertvoll, dass du dich deinem Kind in deinem Anliegen zeigst. Erwarte jedoch noch nicht, dass dein Kind deine Perspektive komplett begreifen kann.

Entwicklungsunterschiede berücksichtigen: Kinder entwickeln die Fähigkeit zur Perspektivübernahme unterschiedlich. Berücksichtige die individuelle Entwicklung, besonders bei neurodivergenten Kindern.

Sich in seinem Anliegen zeigen: Sich authentisch seinem Kind gegenüber zu zeigen, heißt nicht, sein Kind anzuschreien oder Ähnliches. Authentisch bedeutet, dass du deine Gefühle halten und zeigen und dich weiterhin deinen Werten entsprechend verhalten kannst.

Achte auf das Wort „aber“: Verwende „und“ statt „aber“, um die Anliegen nebeneinander stehen zu lassen, ohne das Gesagte zu relativieren.

Die vier Seiten einer Nachricht

- „Du bist blöd!“
- „Das Essen schmeckt mir nicht!“
- „Ich möchte ausziehen und eine andere Familie haben!“
- „Immer arbeitest du nur, nie hast du Zeit für mich!“
- „Du hast meine Schwester viel lieber als mich!“
- „Ich will das nicht.“

Kennst du diese Sätze? Vielleicht müssen sie gar nicht so konkret fallen, sondern du hast dir fürs Wochenende etwas Schönes ausgesucht, einen Besuch im Kindertheater, doch gibt es nur Gemeckere. Oder vielleicht hast du dir vorgestellt, einen leckeren Kuchen mit deinen Kindern zu backen, doch sie streiten die ganze Zeit. Du könntest aus der Haut fahren und denken:

- „Mein Kind ist so undankbar, ich gebe mir alle Mühe und es ist nie genug.“
- „Dann brauche ich jetzt auch gar nichts mehr machen, wenn ich eh alles falsch mache.“
- „Dann halt nicht, wer nicht will, der hat schon.“
- „So nicht, ich lasse nicht so mit mir umgehen.“

Ich bin überzeugt und die Erfahrung sagt mir das auch, dass die meisten Eltern solche oder ähnliche Situationen kennen. Das Kind sagt etwas in seinem Frust und die Eltern/Bezugspersonen fühlen sich abgelehnt, nicht gut genug oder sind sehr empört.

Ich möchte dir an dieser Stelle sagen, dass es sich hier um ein klassisches Missverständnis handelt. Dein Kind äußert in dem Moment seinen eigenen Frust, doch es richtet sich nicht persönlich an dich, sondern drückt nur seine eigenen Gefühle aus.

Selbstoffenbarung vs. Appellohr
Die Worte, die das Kind im Konflikt nutzt, sagen viel mehr über die eigene Gefühlswelt des Kindes aus, als dass sie etwas über dich aussagen. Doch aufgrund eigener Unsicherheiten und weil Eltern sich sehr bemühen und ihnen ihre Kindern wirklich wichtig sind, fühlen sie sich schnell durch die Aussagen ihrer Kinder abgewertet. Kennst du das auch?

Dieses Phänomen passiert sehr häufig in der Kommunikation. Friedemann Schulz von Thun hat dafür 1981 das Vier-Seiten-Modell entwickelt.

Eine Aussage kann vier unterschiedliche Nachrichten auf unterschiedlichen Ebenen beinhalten und genauso hat der Empfänger oder die Empfängerin vier unterschiedliche Möglichkeiten, diese Nachricht zu empfangen.

Anhand des Beispiels „Da sind Stückchen in der Suppe“ verdeutliche ich dir dieses Modell einmal.

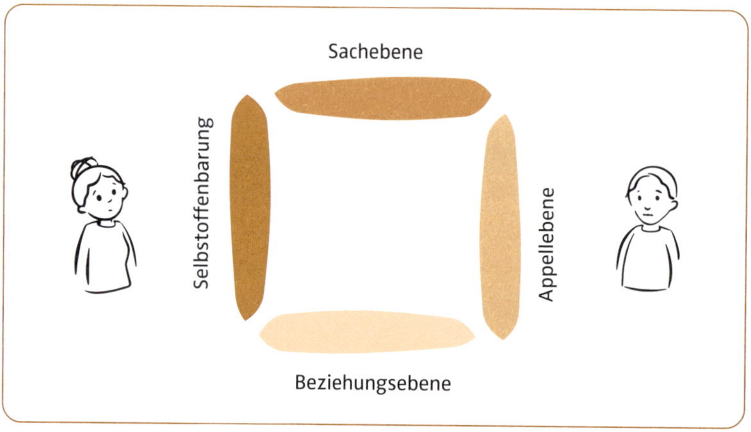

Die vier Seiten einer Nachricht

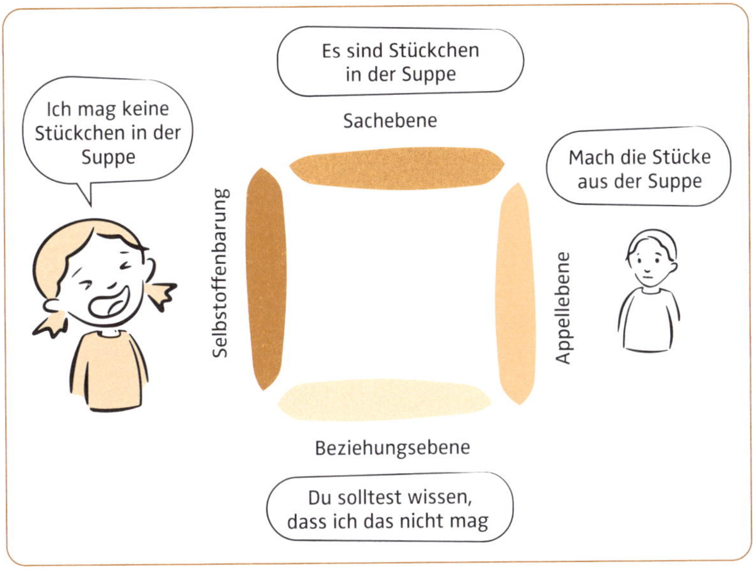

Das Kind sagt: „Da sind Stücke in der Suppe."

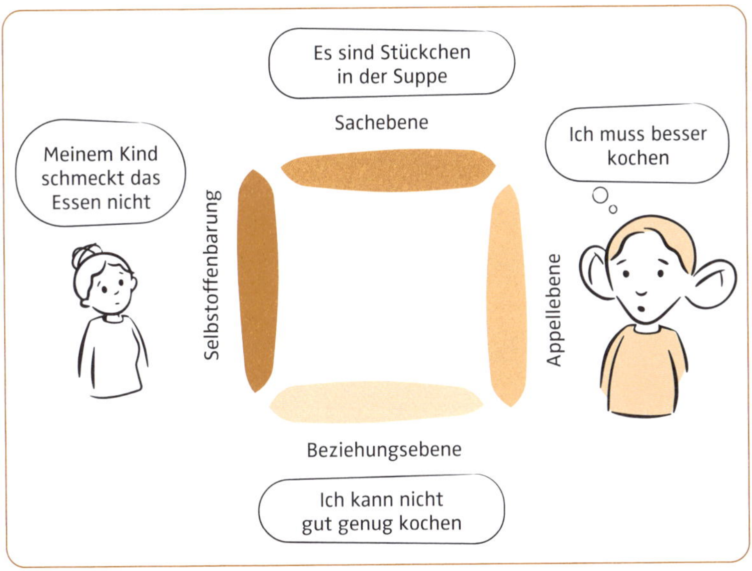

Die Eltern hören: „Da sind Stücke in der Suppe."

Daher hier eine Erinnerung an dich: Wenn du dich von deinem Kind angegriffen oder abgewertet fühlst, besonders mitten in einem Konflikt, denke daran, dass dein Kind nichts über dich aussagt, sondern dass es dir gerade offenbart, wie es ihm im Moment geht.

Du fühlst dich deshalb angegriffen, weil du auf dem Appellohr oder dem Beziehungsohr hörst. Begleite dein Kind und steige aus dem Missverständnis aus. Wenn du merkst, dass du und dein Kind aneinander vorbeisprecht, halte einmal inne, mache eine Pause und denke gerne an dieses Modell. Antworte dann nicht reflexartig auf das, was du mit dem Appellohr oder dem Beziehungsohr gehört hast, sondern konzentriere dich auf das, was dein Kind dir in der Selbstoffenbarung gesagt hat. Das könnte so aussehen:

Dein Kind sagt: „Das ist mir scheißegal! Ich höre dir gar nicht zu."

Du hörst: „Du bist nicht gut genug, du bist kein guter Elternteil. Wärst du eine bessere Mutter/ein besserer Vater, würde ich solche Sachen nicht sagen. Du bist mir nicht wichtig, nicht mal wichtig genug, dass ich dir jetzt zuhören kann."

Antwortest du aus diesen Gedanken heraus, entstehen Sätze wie:
- „Mein liebes Kind, so sprichst du nicht mit mir, entschuldige dich jetzt sofort."
- „Dann mach deine Sachen halt allein, wenn du mich nicht brauchst."
- „Deine Worte machen mich ganz traurig, ich gebe mir so viele Mühe und du kannst das nie wertschätzen."

An dieser Stelle hast du die Möglichkeit, anders zu denken: Was sagt dein Kind eigentlich über sich selbst aus?

Selbstoffenbarung des Kindes: „Mir geht es gerade schlecht, ich brauche dich. Ich habe gerade keine Kapazität für das, was von dir kommt. Ich bin gerade so sehr mit meiner Wut beschäftigt."

Und so kannst du auf diese Selbstoffenbarung des Kindes reagieren: *„Oh Mann, ich merke, dass es dir gerade nicht gut geht. Ich merke gerade, dass du gar nicht zuhören kannst. Dann sprechen wir später darüber. Und jetzt – darf ich dich einmal in den Arm nehmen?"*

So kannst du ganz bewusst aus einem Kampf aussteigen und bist direkt an dem Punkt, um den es gerade bei deinem Kind geht. Dein Kind hat so die Möglichkeit, sich zu öffnen und über sein Anliegen zu sprechen, ohne dass eure Beziehung belastet wird. Und indem du wertschätzend nachfragst, welche Gefühle und Anliegen eigentlich unter der Aussage deines Kindes liegen, lernt dein Kind, das zunehmend genauer zu formulieren. Mit der Zeit wird es durch diese Begleitung durch dich gar nicht mehr „Du bist blöd" sagen, sondern stattdessen: „Mir ist gerade alles zu viel."

Wie geht es dir damit? Hört sich gut an und doch hast du da ein kleines oder großes „aber"?

Dein Kind kann doch nicht so respektlos mit dir reden?! Ohne Konsequenz und eine klare Ansage wird dein Kind nie lernen, es anders zu machen?! Braucht es hier nicht Grenzen und Konsequenzen? Ich sage ganz klar: Nein! Erinnere dich an die vorigen Punkte, vor allem an die Grundhaltung. Dein Kind ist ein Teamplayer, es möchte von sich aus kooperieren und braucht dafür keine Strafen und Konsequenzen. Indem es dich zum Vorbild hat und mit dir lernen darf, sich auch im Konflikt auszudrücken und zu regulieren, wird es zunehmend Aussagen so formulieren können, dass sie weniger verletzen.

Auf einen Blick

Missverständnis: Wenn dein Kind dir gegenüber abwertende Worte nutzt, nimm sie nicht persönlich. Dein Kind will dich damit nicht persönlich angreifen.

Selbstoffenbarung: Die abwertenden Worte deines Kindes sagen nichts über dich aus, sondern dein Kind erzählt mit diesen Worten etwas über sich und offenbart, dass es selbst überfordert ist. Reagiere auf die innere Not und die Überforderung deines Kindes, die sich unter den abwertenden Worten verstecken.

Strafen vermeiden: Reagierst du auf die Worte deines Kindes mit Abwertungen und Strafen, belastet das eure Beziehung und es entstehen Machtkämpfe in Situationen, in denen dein Kind eigentlich Empathie und Einfühlung braucht.

Vorbild sein und Werte vermitteln: Indem du deinem Kind vorlebst, Konflikte wertschätzend zu lösen, und es dabei unterstützt, die richtigen Worte für seine Empfindungen zu finden, wird dein Kind genau das lernen: Konflikte wertschätzend zu lösen.

Dein Job: Orientierung, Klarheit und Sicherheit

Sind es bei euch vor allem die Übergänge, die zu Konflikten führen, der Morgen, das Zubettgehen oder vielleicht auch das Hinaus- oder Hineingehen? Übergänge sind im Familienalltag unterschätzte Herausforderungen. Sie brauchen unsere besondere Aufmerksamkeit, gerade wenn es hochsensible, gefühlsstarke oder neurodivergente Familienmitglieder gibt.

Bei Übergängen wird besonders deutlich, dass eine zugewandte und klare Führung den Kindern Klarheit und Sicherheit gibt.

Im Beratungsalltag erlebe ich immer wieder unterschiedliche große Herausforderungen, die Eltern beim zugewandten Führen ihrer Kinder erleben. Einerseits wollen Eltern die Führung übernehmen, denken jedoch andererseits, dass bei der Führung Flexibilität und Feinfühligkeit nicht angebracht sind. Deshalb missbrauchen sie dabei ihre Macht, überschreiten so Grenzen bei den Kindern und ignorieren ihre Bedürfnisse.

Oder Eltern haben Angst, sich bei ihren Kindern unbeliebt zu machen, und übernehmen dadurch nicht die Verantwortung für die Situationen. Sie versuchen entweder durch lange Erklärungen die Zustimmung der Kinder zu erlangen oder passen sich den Wünschen der Kinder an und übergehen so die Bedürfnisse aller Beteiligten.

Es herrscht an dieser Stelle auch viel Unsicherheit: Wie ist das jetzt? Ist Führung jetzt wichtig oder ist das Machtmissbrauch? Wie kann ich die Führung und somit die Verantwortung übernehmen, ohne die Grenzen und Bedürfnisse des Kindes zu übergehen und die eigene Macht zu missbrauchen?

Ich kann dir sagen: Eine feinfühlige und zugewandte Führung gibt deinem Kind Sicherheit und damit übernimmst du auch die Verantwortung, die in eurem Familienalltag bei dir liegt. Und du als Mama oder Papa darfst, ja du musst dich an der einen oder anderen Stelle auch unbeliebt machen. Das gelingt zugewandt und auf Augenhöhe, das schwächt eure Beziehung nicht, sondern stärkt sie und gibt deinem Kind Sicherheit.

Ein Ja, um einen Konflikt zu vermeiden, ist ähnlich wie ein Nein aus Prinzip. Das darf mal vorkommen, doch dauerhaft belastet es die Beziehung zu deinem Kind.

Du musst dich nicht entscheiden, entweder zugewandt zu sein oder dich auch mal unbeliebt zu machen, sondern beides ist möglich.

Mit dieser Erlaubnis, sich beim Kind auch mal unbeliebt machen zu dürfen, und der Klarheit, dass Führung und Orientierung auch Sicherheit für dein Kind bedeuten, fällt die Führung oft leichter. Du als erwachsene Person gibst die Orientierung, deine Verantwortung ist es, die Bedürfnisse aller im Blick zu haben und die Richtung vorzugeben. Dein Kind ist nicht dafür verantwortlich, die Bedürfnisse von allen im Blick zu haben, dein Kind vertritt seine Interessen und das ist gut so.

Ich mag dazu das Bild der Lotsenboote. Wenn Schiffe aus oder in den Hafen fahren, brauchen sie die feinfühlige Unterstützung der Lotsenboote. Draußen sind Wellengang und Abenteuer und der Übergang ist nicht immer einfach. Die Lotsen brauchen in den Momenten, in denen sie die Führung übernehmen, volle Aufmerksamkeit.

Und genau so ist das auch bei den Übergängen. Wenn du dein Kind bei einem Übergang durch den Abend oder Morgen begleitest, dann sei da. Es funktioniert nicht, wenn du noch fünf andere Dinge parallel machst, dich anziehen, deine Sachen packen, frühstücken. Das führt zu Frust.

Für viele Familien ist es sinnvoll, wenn die Eltern früher aufstehen als die Kinder und sich selbst und die wichtigsten Sachen schon vorbereiten oder die Dinge am Vorabend vorbereitet haben. Dann haben die Eltern genug Fokus, um beim Kind zu sein und klar und zugewandt zu navigieren.

Dabei sind nicht mal so viele Worte wichtig. Wichtiger ist, dass die Sätze klar sind und du nah genug am Kind bist. Statt 70.085 Mal zu sagen „Warum ziehst du dich nicht an? Wir müssen los, sonst kommen wir zu spät“, gehe lieber hin zu deinem Kind und reich ihm die Hose mit den Worten: „Jetzt ist die Hose dran.“

Das ist dein Job! Wenn dein Kind siebenmal die gleiche Ansage oder Erklärung nicht umgesetzt hat, wird es auch beim achten Mal nicht klappen. Dann liegt es an dir, andere Strategien zu finden, um dein Kind zu erreichen und zu begleiten.

Helfen ist okay. Findest du es wichtig, dass dein Kind sich morgens und abends möglichst allein an- und auszieht, damit es selbstständig wird? Ich sehe das nicht so. Gerade morgens und abends ist der Übergang für manche Kinder so herausfordernd, dass es hilft, hier die nötige Sicherheit, Bindung und Unterstützung zu bieten. Ein Machtkampf am Morgen fördert nicht die Selbstständigkeit, sondern belastet das Miteinander. Selbstständigkeit ist an anderer Stelle dran und kommt auch am Morgen von ganz allein, bei manchen ein bisschen früher, bei manchen im Laufe der Grundschulzeit.

Auch spielerische Elemente können hilfreich sein in der zugewandten Führung, besonders Machtumkehrspiele (siehe auch Seite 191), in denen Kinder ihre Selbstwirksamkeit erfahren können.

Zähneputzen kann man zum Beispiel nicht ausfallen lassen. Aber man kann das „Wie“ verändern. Eines meiner Kinder hat es geliebt, wenn ich immer wieder gerufen habe: „Mach den Mund zu, jetzt sofort!“ Schmunzelnd war das die Brücke zu Kooperation und das Kind hat dann „ganz frech“ den Mund aufgemacht. Auch ein müdes Kind auf den Rücken zu nehmen, damit es sich ferngesteuert auf kleinen Umwegen ins Bad steuern lässt, kann eine Möglichkeit sein, spielerisch durch den Morgen zu begleiten.

Nicht nur bei Übergängen braucht es die zugewandten Lotsenboote. Es kann im Familienalltag dann und wann ordentlich Wellengang geben. Traue dich als Lotsenboot, deinem Kind Sicherheit und Orientierung zu geben.

Vielleicht hilft dir auch eher das Bild des Leuchtturms statt der Lotsenboote. Leuchttürme geben Sicherheit und Orientierung, gerade auch bei Wellengang und schlechter Sicht. Die Erwachsenen in der Familie dürfen, ja müssen diese Leuchttürme sein und das geht zugewandt und nah. Ein Leuchtturm ist für das Boot da und arbeitet nicht gegen das Boot.

Diese zugewandte Führung beinhaltet insbesondere drei Komponenten:

1. Die **Bedürfnisse aller Beteiligten im Blick** zu haben, um sich an ihren Bedürfnissen zu orientieren.
2. **Die Bereitschaft und Fähigkeit,** auch gegen Widerstände das Ziel nicht aus den Augen zu verlieren.
3. **Zugewandt und klar zu sein,** auch wenn Bedürfnisse und Wünsche aufeinandertreffen und das Kind nicht einverstanden ist. Um die klare liebevolle Führung zu übernehmen, ist es nicht nötig, Kinder abzuwerten oder zu bestrafen.

Ein wichtiger Bestandteil unseres Leuchtturm-Daseins sind die Worte, die wir nutzen. An dieser Stelle ist es erneut hilfreich, einen Blick in unser Gehirn zu werfen.

Wir wissen, dass bei Konflikt eher Stress im Gehirn herrscht und im Stress das Gehirn nicht so aufnahmebereit ist, daher möchte ich dir zwei Impulse mitgeben.

Impuls 1: Nutze kurze und klare Sätze. Erklärungen können an manchen Stellen hilfreich sein, doch eher kurz auf den Punkt statt in einem langen Roman:

- ☀ „Tim, wir gehen jetzt nach Hause, wir brauchen noch Zeit zum Abendessen."
- 🌧 „Tim, ich würde gerne jetzt gehen, auch wenn ich mir vorstellen kann, dass du gerne noch bleiben möchtest. Doch ich habe lange in meinem Kopf abgewägt und überlegt und bin zum Schluss

gekommen, dass wir zu Hause auch noch genügend Zeit zum Essen brauchen. Ich wollte heute Kartoffelpuffer selbst machen, weißt du, bis die Kartoffeln gerieben sind dauert es, deshalb möchte ich jetzt gehen."

- „Jetzt geht's zum Zähneputzen, wir können Karius und Baktus jagen, damit deine Zähne gesund bleiben."
- „Wir müssen jetzt mit Spielen aufhören und Zähne putzen. Denn wenn wir nicht die Zähne putzen, bekommst du Zahnschmerzen und wir müssen in die Zahnarztpraxis. Das wird unangenehm werden und das möchtest du nicht."

Und dann ist da noch die Geschichte mit dem rosa Elefanten. Unser Gehirn findet das Wort „nicht" richtig doof, denn es muss es bewusst „wegrechnen". Das kostet Extra-Energie und die fehlt im Konflikt meist.

Wenn ich zu dir sage: „Denke bitte jetzt nicht an den rosa Elefanten!" An was denkst du? Und ist es leichter, nicht an den rosa Elefanten zu denken, wenn ich dir sage: „Denke nicht an den rosa Elefanten" oder wenn ich sage: „Denk doch jetzt bitte an den blauen Walfisch, wie er im Wasser schwimmt?

Daher ist **Impuls 2** an dieser Stelle: Benenne, was du möchtest, statt davon zu sprechen, was du nicht möchtest:

- „Ich möchte, dass du jetzt den Teller in die Küche bringst."
- „Lass den Teller nicht auf dem Tisch stehen."
- „Ich möchte, dass wir jetzt aufräumen, danach freue ich mich, dir noch etwas vorzulesen."
- „Du hast hier ja ein Riesenchaos, so kann ich dir aber nichts vorlesen."
- „Hier ist deine Hose, die kannst du jetzt anziehen, ich möchte, dass wir es pünktlich in die Schule schaffen."
- „Du träumst und spielst ja die ganze Zeit, so werden wir es nie pünktlich zur Schule schaffen."

Auch an dieser Stelle erinnere ich dich wieder an den guten Grund und die Annahme, dass unsere Kinder ihr Bestes geben. Oft sind in der Kommunikation der Eltern Unterstellungen oder Vorwürfe versteckt, die zu Konflikten oder selbsterfüllenden Prophezeiungen führen. Und ganz ehrlich: Wenn mir immer wieder unterstellt wird, ich sei im Widerstand, dann, ja, dann ist der Widerstand nicht weit.

- ☀ „Bring bitte deine Pullis in den Wäschekorb!"
- ⛈ „Meinst du, ich bin deine Putzfrau? Wenn du deine Pullis nicht selbst runterbringst, kannst du deinen ganzen Kram auch selbst machen."
- ☀ „Kannst du bitte deine Brotdose aus deinem Schulranzen holen?"
- ⛈ „Willst du etwa, dass dein Schulranzen verschimmelt? Ständig muss ich dir hinterherräumen, nicht mal deine Brotdose kannst du aus dem Schulranzen holen."
- ☀ „Komm bitte einmal von dem Tisch runter, ich möchte, dass der Tisch sauber bleibt."
- ⛈ „Denkst du eigentlich, dass die anderen Lust haben, den Dreck vom Spielplatz zu essen? Du kannst doch nicht mit deinen dreckigen Hosen vom Spielplatz auf dem Tisch rumklettern!"

Auf einen Blick

Übergänge sind oft unterschätzte Herausforderungen: Übergänge im Familienalltag, wie z. B. Morgen- und Abendrituale, sind besondere Herausforderungen, die einer besonderen Begleitung bedürfen; insbesondere in Familien mit hochsensiblen, gefühlsstarken oder neurodivergenten Mitgliedern.

Klarheit und Führung geben Sicherheit: Wenn Morgen und Abend oder andere Übergänge häufig zu Konflikten führen, brauchen Kinder oft mehr Sicherheit und Orientierung durch Klarheit und zugewandte Führung.

Unbeliebt sein ist erlaubt: Eltern dürfen sich auch mal unbeliebt machen, das belastet die Beziehung oder Bindung zum Kind nicht. Im Gegenteil: Klarheit gibt Sicherheit. Weder ein Ja, nur um dem Konflikt aus dem Weg zu gehen, noch ein Nein aus Prinzip tut der Beziehung zwischen Eltern und Kindern auf Dauer gut.

Metapher des Lotsenbootes: Die Metapher des Lotsenbootes verdeutlicht, wie hilfreich es ist, wenn Eltern Verantwortung übernehmen und sensibel führen. Frühzeitige Vorbereitung und klare, kindgerecht formulierte Sätze erleichtern die Führung.

Machtkämpfe um die Selbstständigkeit am Morgen: Machtkämpfe um die Selbständigkeit am Morgen oder am Abend fördern nicht die Entwicklung, sondern belasten die Beziehung. Kindliche Selbstständigkeit entwickelt sich aus Geborgenheit und braucht unser Vertrauen, nicht Druck oder Zwang. Wenn es zu Machtkämpfen kommt, braucht dein Kind deine Nähe und Unterstützung und nicht den Druck deiner Erwartungen.

Spielerische Elemente und klare Kommunikation: Spielerische Elemente, insbesondere Bindungsspiele, können hilfreich sein, um Kinder in einer zugewandten Führung zu begleiten. Klare, zugewandte und kurze Sätze sind effektiver als lange Erklärungen. Das Vermeiden des Wortes „nicht“ und das Benennen des Gewünschten erleichtern die Kommunikation im Familienalltag.

Die No-Gos des zugewandten Konfliktmanagements

Jetzt hast du einen ganzen Blumenstrauß voll von hilfreichen Strategien, um einem Konflikt liebevoll und klar zu begegnen. Probiere aus, was dir liegt und was euch für eure Beziehung hilft. Gleichzeitig lade ich dich einmal ein, auf Spurensuche zu gehen. Findest du das ein oder andere No-Go bei eurem Umgang mit Konflikten? Wir schauen sie uns gleich genauer an. Ich kann dich aber schon an dieser Stelle beruhigen: Du hast jetzt genügend andere Ideen, wie du Konflikten begegnen kannst und brauchst diese Strategien nicht mehr. Denn sie helfen nicht, sondern sie sind große Stolpersteine dabei, Konflikte so zu lösen, dass sie eure Eltern-Kind-Beziehung stärken.

Das sind die größten No-Gos:

Immer und Nie:

- „Du kommst immer zu spät."
- „Du kannst nie zuhören."
- „Immer muss ich alles 5.000-mal sagen und nie kannst du dein Zimmer aufräumen, ohne dich zu streiten."

Machen solche Sätze Lust auf einen offenen Dialog? Nein! Sie verhindern ein differenziertes Zuhören und das Offenlegen der eigenen Anliegen.

Schuldzuweisungen und Du-Botschaften:

Ein sicherer Weg zur Eskalation und Frustration in Konflikten ist die Suche nach der schuldigen Person.

- „Du hast doch angefangen."
- „Wenn du nicht XY gemacht hättest, hätte ich nicht YZ gemacht."
- „Du bist schuld, dass wir jetzt zu spät sind."
- „Du bringst mich an den Rand der Verzweiflung!"

Diese und ähnliche Sätze trennen und lenken den Fokus weg von einem Miteinander hin zu einem Machtkampf. Wir erinnern uns: Jedes Verhalten hat einen guten Grund. Also ergibt es Sinn, Verhalten verstehen zu wollen und nachvollziehbar zu machen, Aber die Schuldfrage behindert eine zugewandte Konfliktlösung auf Augenhöhe.

Recht haben wollen

- „Ich habe es dir doch gleich gesagt!"
- „Kannst du jetzt bitte einsehen, dass ich recht hatte?"
- „Aber du musst jetzt deine Jacke anziehen, weil ich es dir jetzt sage."

Recht zu haben ist der beste Freund der Schuldzuweisung und führt auch zu einem moralischen Ungleichgewicht: Die eine Person hat recht und die andere Person hat Schuld. Aus diesem Ungleichgewicht entsteht eher eine Kampfhaltung als eine dialogische Haltung, die für eine zugewandte Konfliktlösung auf Augenhöhe notwendig ist.

Ignorieren

- „Hör auf, ich will das jetzt nicht hören."
- „Lass uns jetzt nicht mehr darüber reden."
- „Jetzt ist alles gut, fang nicht wieder damit an."

Das sind Sätze, mit denen Eltern den Konflikt und das Anliegen des Kindes ignorieren können. Es gibt auch das Schweigen oder den Rückzug, Eltern, die sich bei einem Konflikt zurückziehen, ohne in Kontakt zu sein.

Ja, in diesem Moment gibt es keinen offenen Konflikt. Es ist vielleicht ruhiger, zugleich gibt es weniger Kontakt und keine Möglichkeit, Gefühle und Sorgen zu teilen; und das macht einsam.

Mit Rückzug ohne Kontakt meine ich nicht, dass man etwas Raum braucht, um sich zu regulieren, um dann wieder in Kontakt zu kommen:

- „Sara, ich brauche kurz einen Tee, ich bin so wütend, so kommen wir nicht weiter. Nachdem ich in Ruhe meinen Tee getrunken habe, habe ich mich sicher so weit beruhigt, dass wir gemeinsam eine gute Lösung finden können."

Das ist eine Möglichkeit, im Kontakt und doch mit Abstand etwas zu regeln.

Sätze, die den Kontakt abbrechen, sind:

- „Darüber rede ich jetzt nicht mit dir."
- „Dann gehe ich."
- „So nicht mit mir."

Oder man geht bewusst aus dem Kontakt, um den Konflikt zu ignorieren. Das Kind bleibt dann allein mit seinen Gefühlen und Anliegen und fühlt sich wahrscheinlich schuldig, falsch und einsam. Es lernt daraus: „Wenn ich mich mit meinen Anliegen zeige, gehe ich das Risiko ein, dass die Verbindung, die für mich überlebenswichtig ist, abbricht." So wird es in Zukunft wahrscheinlich weniger Konflikte geben, weil das Kind eher seine Anliegen verleugnet, als die Bindung zu gefährden. Der Preis für weniger Konflikte wäre also sehr hoch und nicht erstrebenswert.

Wegschicken

- „Ab in dein Zimmer, du kannst wiederkommen, wenn du wieder bei Sinnen bist."
- „So brauchst du dich hier nicht blicken zu lassen, du verdirbst uns hier die schöne Stimmung."
- „Du kannst gleich wieder gehen, wenn du nur meckerst."

Ja, Konflikte und große Gefühle auszuhalten ist nicht immer leicht. Gerade, wenn mehrere Personen anwesend sind, vielleicht die Familie am Tisch sitzt oder gemeinsam ein Spiel spielen möchte, scheint es manchmal das Einfachste zu sein, das Kind, das „keinen Frieden" machen kann, wegzuschicken. Doch das trennt, gibt dem Kind das Gefühl, falsch zu sein, und lässt es mit seinem Anliegen und seinen Gefühlen allein. Eine zugewandte Konfliktlösung auf Augenhöhe ist so nicht möglich.

So ungünstig es ist, ein streitendes Kind wegzuschicken, so hilfreich kann es manchmal sein, sich erst einmal zurückzuziehen, um sich zu regulieren, um dann konstruktiv in die Konfliktlösung einzusteigen. Das kann so klingen:

- „Puh, wir kommen im Moment nicht weiter. Komm, ich gehe mit dir in den Garten, und nachher, wenn wir uns etwas beruhigt haben, bin ich sicher, finden wir eine gemeinsame Lösung."
- „Ich merke, du bist so wütend. Du kannst mir gar nicht mehr zuhören. Lass uns ins Schlafzimmer gehen, da können wir uns streiten und austoben, danach wird es mit dem Zuhören wieder besser."
- „Brauchst du jetzt Zeit für dich? Ich baue dir deine Höhle und du kannst es dir gemütlich machen und in 30 Minuten klopfe ich an deine Tür und höre dir noch einmal in Ruhe zu."

Wichtig ist, dass wir, wenn das Kind wieder kontaktbereit ist, wirklich zugewandt sind. Bereit, das Anliegen des Kindes anzuhören, ernst zu nehmen und dann gegebenenfalls sein Problem lösen, sodass das Kind die Erfahrung macht: „Ich kann mich zurückziehen, wenn es mir zu viel wird, und mein Anliegen und meine Gefühle sind in Ordnung."

Strafen und Drohen

- „Wenn du jetzt nicht sofort das Tablet wegräumst, bekommst du keinen Nachtisch.“
- „Wenn du jetzt bei den Hausaufgaben weiter so ein Theater machst, dann darfst du nachher nicht zu deiner Freundin.“
- „Okay, du räumst dein Zimmer nicht auf, dann packe ich das alles in den blauen Sack.“

Früher waren das legitime Konfliktlösungsstrategien. Man sagte, Kinder brauchten klare Konsequenzen und Grenzen. Heute wissen wir, dass Strafen und Drohungen schaden und die Eltern-Kind-Beziehung belasten. Meistens werden die Maßnahmen nur Konsequenzen genannt, weil es besser klingt, doch wenn wir genau hinschauen, ist Konsequenz in den meisten Fällen nur ein anderes Wort für Strafe.

NATÜRLICHE FOLGE ODER STRAFE?

Eine natürliche Konsequenz ist eine Konsequenz, die wir nicht beeinflussen können:

- Ein Glas Wasser fällt um. → Der Tisch wird nass.
- Das Kind zieht keine Jacke an. → Das Kind könnte frieren.
- Das Kind macht seine Hausaufgaben nicht. → Am nächsten Tag hat es keine Hausaufgabe.

Alles, was wir hinzufügen, ist dann keine natürliche Folge bzw. Konsequenz, sondern eine Strafe/Strafandrohung:

- „Dann musst du das Wasser aufwischen.“
- „Dann können wir nicht auf den Spielplatz.“
- „Dann kannst du nachher nicht zu deiner Freundin gehen.“

Wir können uns in unserer Führungsrolle allerdings positionieren: „Wenn du das Wasser verschüttet hast, ist es mir wichtig, dass du es aufwischst“, ohne dass es eine Strafe ist. So ist es klar als persönliche Botschaft formuliert und nicht als logische Konsequenz, die es eben nicht ist.

Außerdem sind Drohungen und Strafen überhaupt nicht hilfreich, um den Konflikt wirklich zu lösen:

Warum fällt es dem Kind schwer, das Tablet auszuschalten? Und wie kann man den Übergang vom Tablet-Anschauen zum Spielen begleiten? Das wären wichtigere Fragen als die nach dem Nachtisch.

Wenn wir uns auf den guten Grund besinnen, dann ist es viel hilfreicher zu schauen, was das Kind braucht, um die Hausaufgaben zu machen, als über die Verabredung mit der Freundin zu streiten. Der Frust und die Hilflosigkeit darüber, dass man sich nicht mit der Freundin verabreden kann, werden dem Kind sicher nicht helfen, sinnvollere Strategien für die Hausaufgaben zu finden. Und statt mit der Mülltüte zu drohen, ist es hilfreicher zu schauen, was das Kind gerade am Aufräumen hindert, warum es nicht mitmacht und wie es von den Eltern unterstützt werden kann.

Ja, viele Eltern wissen, dass Strafen schaden und wollen sie eigentlich auch nicht anwenden – und trotzdem passiert es immer wieder. Wenn dir das so geht, schau genau hin, wann und warum. Meistens bestrafen Eltern dann, wenn sie sich hilflos fühlen und keine andere Strategie mehr haben. Dass wir uns als Eltern manchmal hilflos fühlen, ist ganz normal, das kenne ich auch.

Für mich ist es viel leichter geworden, seit ich mir das eingestehe: Ja, es darf Situationen geben, in denen ich hilflos bin! Mit dieser Erlaubnis kann ich die Hilflosigkeit viel besser annehmen und muss nicht aus ihr heraus irgendwelche Drohungen und Strafen aussprechen.

Vielleicht helfen dir auch der Gedanke und die Erlaubnis: Du darfst hilflos sein und im Vertrauen bleiben, dass ihr dann, wenn du und dein Kind wieder im Gleichgewicht seid, gemeinsam mithilfe der Konfliktpyramide eine zugewandte Lösung auf Augenhöhe findet.

Auf einen Blick

Bestimmte Verhaltensweisen meiden: Es gibt einige Verhaltensweisen und Strategien, die eine zugewandte Konfliktlösung verhindern, die solltest du meiden:

Immer und nie: Sätze wie „Du kommst immer zu spät" verhindern einen offenen Dialog und erschweren ein differenziertes Zuhören. Diese Schuldzuweisungen verhindern eine zugewandte Konfliktlösung.

Schuldzuweisungen und Du-Botschaften: Die Suche nach dem Schuldigen, wie in „Du hast doch angefangen", führt zur Eskalation und lenkt den Fokus weg vom Miteinander hin zum Machtkampf. Die Schuldfrage verhindert eine zugewandte Konfliktlösung.

Recht haben: Die Betonung des Rechthabens, z. B. „Ich hab's dir doch gleich gesagt", führt zu einem Ungleichgewicht. Ich habe recht und du hast unrecht, daraus entsteht schnell eine Kampfhaltung und die zugewandte Konfliktlösung gerät aus dem Fokus.

Ignorieren: Aussagen wie „Lass uns jetzt nicht mehr darüber reden" oder Schweigen können das Anliegen des Kindes ignorieren. Das schafft zwar Ruhe, aber auch Einsamkeit und verhindert eine zugewandte Konfliktlösung.

Wegschicken: Das Wegschicken des Kindes, z. B. „Geh in dein Zimmer", isoliert das Kind mit seinen Gefühlen und Anliegen. Eine zugewandte Konfliktlösung auf Augenhöhe wird dadurch verhindert.

Strafen und Drohen: Strafen und Drohungen waren früher akzeptierte Erziehungsstrategien. Heute weiß man, dass sie wenig hilfreich sind, um Konflikte wirklich zu lösen, und dass sie die Eltern-Kind-Beziehung belasten. Natürliche Konsequenzen dürfen nicht mit Strafen verwechselt werden. Statt zu strafen ist es sinnvoller, den Grund für das Verhalten des Kindes zu verstehen und gemeinsam nach Lösungen zu suchen.

Hilflosigkeit akzeptieren und zugewandt bleiben: Es ist normal, sich als Eltern manchmal hilflos zu fühlen. Diese Hilflosigkeit zu akzeptieren, ermöglicht es, alternative Strategien zu finden, anstatt zu drohen oder zu bestrafen. Die Konfliktpyramide kann ein hilfreicher Leitfaden sein, um gemeinsam mit dem Kind eine zugewandte Lösung auf Augenhöhe zu finden.

Die Stolperfalle: Vereinbarungen

In meinem Beratungsalltag höre ich immer wieder: „Ich hatte eine Vereinbarung mit meinem Kind und es hält sich einfach nicht mehr daran. Was kann ich tun?“ Und dann lasse ich mir gerne erzählen, wie es zu diesen Vereinbarungen kam. Sehr oft sind das eher „Zwangsvereinbarungen“ als Vereinbarungen auf Augenhöhe.

Vielleicht kennst du das auch? Dein Kind will den Fernseher nicht ausschalten und du hast dann die Idee: „Weißt du was, du darfst noch eine Folge gucken und dann räumst du ohne Diskussion dein Zimmer auf, ja?“ Für die Eltern ist das in dem Moment eine einvernehmliche Vereinbarung, aus der Sicht des Kindes sieht es allerdings anders aus. Das Kind will in diesem Moment nur die Serie anschauen und hat gerade nicht die Fähigkeit und Kapazität, an weitere Folgen zu denken. Um sein aktuelles Ziel zu verfolgen, stimmt das Kind dem Vorschlag zu. In diesem Moment sagt es Ja zur nächsten Folge, doch nicht zu dem, was danach kommt.

Also die Erinnerung an dich als Elternteil: Wenn du eine Vereinbarung haben willst, die auch für dein Kind verbindlich ist, dann beziehe es mehr mit ein und schaue, ob dein Kind wirklich die freie Wahl hat, dieser Vereinbarung zuzustimmen.

Wenn wir das Beispiel mit dem Tablet nehmen, dann wäre es für dich zunächst wichtig zu überlegen: Was sagt deine Erfahrung aus? Bringt eine neue Vereinbarung etwas oder geht es hier eher darum, die Frustration, nicht mehr am Tablet zu sein, zu begleiten?

Wenn du der Meinung bist, dass eine erneute Absprache etwas bringt, dann beziehe dein Kind mit ein: „Ich sehe, du willst unbedingt noch eine Episode sehen, wie machen wir das nach der nächsten Episode? Hast du eine Idee, was dir dann helfen könnte, aufzuhören?“ Und in der Tat, das Ausschalten des Tablets mit dem Aufräumen des Zimmers zu verbinden, macht es nicht leichter. Es macht es leichter, mit dem Tablet aufzuhören, wenn es eine etwas wärmere Brücke gibt. „Jan, du kannst noch eine Folge gucken und dann können wir noch gemeinsam puzzeln.“

Überlege auch genau: Hat dein Kind hier in der Tablet-Situation die freie Wahl, Nein zu sagen?

Wenn dein Kind nicht die freie Wahl hat, dann nenne es nicht „Vereinbarung“ und reagiere vor allem nicht mit dem moralischen Zeigefinger à la „Du hältst dich nicht an die Vereinbarung“. „Du darfst noch eine Folge schauen und dann lese ich dir ein Buch vor“ ist ehrlicher, offener und klarer.

Zudem lernen Kinder wirklich erst rund um das Grundschulalter, ihre Gefühle vorherzusehen. So kann es gut sein, dass dein vierjähriges Kind dir aus vollem Herzen verspricht, heute Abend wirklich ohne Diskussion ins Bett zu gehen, weil ihr das vorher so abgesprochen habt; und dann ist es Abend und dein Kind will wieder nicht ins Bett.

Das liegt nicht daran, dass dein Kind in dem Moment der Absprache nicht ehrlich und aufrichtig zu dir war. Es konnte nur noch nicht abschätzen, wie seine Gefühle und Bedürfnisse in der Zukunft sein werden.

Vereinbarungen und Absprachen treffen und einhalten zu können ist ein Prozess, der die ganze Kindheit bis ins Jugendalter dauern kann. Dabei ist es hilfreich, wenn wir Eltern unsere Kinder nicht moralisch abwerten, wenn eine Vereinbarung nicht eingehalten wird – „Du bist unzuverlässig", „Du hast dich nicht an die Abmachung gehalten, ich kann dir nicht vertrauen" –, sondern, dass wir weiterhin zugewandt, klar und interessiert an dem Anliegen hinter dem Verhalten sind: „Du kommst später als vereinbart nach Hause, woran liegt das? Weißt du, mir ist wichtig, dass du unsere Absprachen ernst nimmst, ich nehme sie ernst, wie kann uns das gelingen, dass das mit der Absprache beim nächsten Mal besser klappt?"

Für manche Kinder ist es mit fünf Jahren schon einfacher, eine Vereinbarung zu treffen, für andere Kinder ist es mit sieben Jahren immer noch schwierig. Achte deshalb bei allen Themen darauf, dass du **entwicklungsangemessen mit deinem Kind im Kontakt bist und nicht altersangemessen.** Das heißt, Gedanken wie „Andere Kinder in dem Alter können das schon" oder „In deinem Alter solltest du ..." sind nicht hilfreich. Schau bitte immer, wo steht dein Kind in seiner Entwicklung, was kann es verstehen, was kann es leisten? Daran kannst du anknüpfen.

Mühst du dich immer wieder an den gleichen Konflikten ab, versuchst du immer wieder, die gleichen Absprachen zu vereinbaren und es „funktioniert" nicht? Dann erkenne, dass du der oder die Erwachsene bist und weißt, dein Kind verweigert sich nicht aus Boshaftigkeit, sondern es ist aktuell überfordert mit der Situation/Anforderung.

Auf Einen Blick

Vereinbarung auf Augenhöhe oder Zwangsvereinbarung? Wenn dein Kind sich nicht an eure Vereinbarung hält, überlege, ob es sich um eine echte Vereinbarung auf Augenhöhe handelt, bei der dein Kind ein echtes Mitspracherecht hatte, oder eher um eine Zwangsvereinbarung.

Vereinbarung oder Ankündigung? Wenn dein Kind keine Möglichkeit hat, frei Nein zu sagen oder die Vereinbarung mitzubestimmen, dann ist das keine Absprache, also formuliere sie auch nicht so. Sage dann klar und zugewandt, was dir wichtig ist und was nicht.

Das ist ein Prozess und braucht viel Erfahrung: Kinder können erst etwa im Grundschulalter ihre eigenen Bedürfnisse und Anliegen zuverlässiger vorhersehen, daher braucht es Zeit und Erfahrung, bis Kinder sich zuverlässig an Vereinbarungen halten.

Ohne moralische Abwertung: Wenn dein Kind sich nicht an eine Vereinbarung hält, werte es nicht moralisch ab, sondern bleibe zugewandt, interessiert und an der Aushandlung der Vereinbarung beteiligt.

Entwicklungsgerecht, nicht altersgemäß: Begleite dein Kind entsprechend seiner Entwicklung, Kinder haben unterschiedliche Entwicklungsgeschwindigkeiten. Es führt nur zu Machtkämpfen, wenn du von deinem Kind nur aufgrund seines Alters etwas erwartest, was es noch nicht kann, oder ihm etwas nicht zutraust, nur weil es noch nicht alt genug ist.

Die (fehlende) Energie

Nora Imlau, Journalistin und Autorin vieler erfolgreicher Elternratgeber, sagt: „Plane deinen Tag so, dass du am Ende noch eine Läusebehandlung für die ganze Familie durchführen könntest." (Tatsächlich passierte uns das genau am Vorabend unseres Umzugs mit drei Kindern, eines davon erst wenige Wochen alt: Ich entdeckte um 20 Uhr bei unserem ältesten Kind, damals gerade Schulanfänger, Läuse ...)

Ja, für manche Familien scheint das unmöglich zu sein. Dabei geht es auch weniger um die Läusebehandlung als um die Erinnerung, dass wir unsere Energie im Blick haben müssen. Konflikte sind Teil des Familienlebens, Konflikte kosten Kraft und das muss eingeplant sein. Es ist unmöglich, ohne jegliche Energie einen zugewandten Konflikt friedvoll zu lösen. Daher an dieser Stelle drei wichtige Punkte:

1. Plane Energie für Konflikte ein!

- Frag dich nicht nur: „Habe ich Lust und Zeit, mit den Kindern ins Hallenbad zu gehen?", sondern frage dich zusätzlich: „Habe ich auch gerade die Energie, die müden und hungrigen Kinder zu begleiten, wenn sie sich nach dem Schwimmen nicht allein anziehen?"
- Frag dich nicht nur: „Mit welchem Abendessen kann ich meinem Kind heute eine Freude machen?", sondern frag dich auch, ob du nach dem Lieblingsessen auch noch genügend Energie hast, das Nein beim Zähneputzen zugewandt zu begleiten.
- Frag dich nicht nur, ob die Kinder sich freuen, wenn Opa und Oma am Wochenende kommen, frag dich auch, ob du die Kapazitäten hast, bei dir zu bleiben und dein Kind in seiner Wut zu begleiten, auch wenn du weißt, dass deine Mutter wieder meint, so einen „Aufstand" hättet ihr euch als Kinder nicht erlaubt.

2. Nicht jeder Konflikt ist nötig!

- Du hättest gerne, dass dein Kind heute den grünen Pulli anzieht, gleichzeitig weißt du, dass das Loskommen am Morgen gerade sowieso schwer ist? Dann lass gerne den grünen Pulli grünen Pulli sein, freue dich über die gelbe Jacke und konzentriere dich darauf, dass ihr rechtzeitig aus dem Haus kommt.
- Dein Kind ist gerade in der Autonomiephase, Selbstwirksamkeit ist ihm total wichtig und es möchte unbedingt den grünen Becher mit den gelben Punkten. Du weißt, dass es sowieso schon eine große Kooperation ist, dass es sein Spiel unterbricht und zum Abendessen kommt. Dann hole gerne extra noch den gewünschten Becher und richte den Fokus auf das gemeinsame Abendessen.
- Dein Kind schreibt heute eine Arbeit in der Schule, du hast einen wichtigen beruflichen Termin, dein Kind vergisst den Tisch abzuräumen. Erledige das gerne an der Stelle für dein Kind, bevor du dich dafür einsetzt, dass es den eigenen Teller selbst abräumt. Heute ist der Fokus darauf, unter dem Stress gut aus dem Haus zu kommen, an anderer Stelle werden wieder Kapazitäten sein, um das Tischabdecken zu verhandeln.

3. Wähle bewusst!

Hier darfst du einmal genau hinschauen: Wählst du hier bewusst, den Konflikt nicht anzunehmen, um deinen Energiehaushalt im Blick zu behalten, oder ist es eine alte Vermeidungsstrategie, die hier wieder übernehmen will? Schau auch genau hin: Ergibt es wirklich Sinn, an dieser Stelle den Konflikt nach hinten zu verschieben, oder kostet es dich dann hinterher doppelt so viel Energie?

Kein persönliches Versagen, sondern gesellschaftliche Verantwortung

Für die meisten Familien hört es sich fast nach Hohn an, dass man den Tag so plant, dass abends noch eine Läusebehandlung entspannt durchführbar ist.

Wenn das bei euch nicht klappt, ist das kein persönliches Versagen, sondern ein gesellschaftliches. Die Erwartungen an Familien, besonderes an die Mütter, sind gerade so hoch und die Unterstützung der Gesellschaft so gering, dass die große Erschöpfung in Familien kein persönliches Problem ist, sondern ein gesellschaftliches.

Für das Leben in der kleinen Familie sind wir nicht gemacht. So viel Care-Arbeit (Versorgungsarbeit) verteilt auf viel zu wenigen Schultern ist schon Überforderung mit Ansage.

Aus meiner Wahrnehmung heraus waren schon vor Corona viele Familien belastet und mit ihrer Energie am Ende. Die Pandemie hat das noch zugespitzt und viele Familien sind aktuell sehr erschöpft. Regenerationsphasen fehlen bis heute. Daher ganz wichtig für dich: Die fehlende Energie ist nicht dein persönliches Versagen!

Gleichzeitig sind wir alle ein Teil unserer Gesellschaft, daher ist es so wichtig, dass wir alle in die Veränderung gehen und kleine Schritte raus aus der Selbstverständlichkeit gehen, statt dauernd im Minusbereich unseres Energiehaushaltes sein und so zu tun, als ob das völlig normal sei.

Setze deinen Energiehauhalt auf deine Prioritätenliste. So werden Konflikte in eurer Familie leichter zu Wachstumsmomenten, statt zu Machtkämpfen. Für viele von uns ist es neu, ja, teils befremdlich, die eigene Energie, die eigenen Bedürfnisse auf die Prioritätenliste zu setzen. Galt doch für viele von uns in der Kindheit: Je angepasster wir waren, je mehr wir unsere eigenen Bedürfnisse zurückgestellt haben, desto mehr Anerkennung gab es. Doch ich möchte dich ermutigen, neue Wege zu gehen. Sie sind für dich und dein Kind wichtig und richtig, nicht nur, um Konflikte friedvoller lösen zu können.

Energieräuber und Energiequellen

Um deinen Energiehaushalt auf deine Prioritätenliste setzen zu können, ist es hilfreich, einmal auf Forschungsreise zu gehen. Was in deinem Alltag zieht dir eigentlich die Energie? Und wo gibt es Ressourcen, was gibt dir Kraft und Energie? Gehe gedanklich einmal durch deinen Alltag und beobachte dich gerne auch die nächsten Wochen:

Was genau kostet dich Energie?

- Im privaten Umfeld
- Im beruflichen Umfeld
- Im Alltag mit deinem Kind
- Welche Gedanken?
- Und gibt es sonst noch etwas?

Und jetzt sammele gerne genauso Dinge, die dir Energie und Kraft geben:

- Im beruflichen Umfeld
- Im privaten Umfeld
- Im Umgang mit deinem Kind
- Welche Gedanken tun dir gut?
- Was gibt es sonst noch so?

Das hilft dir dabei, auf die kleinen und großen Dinge zu schauen: Sicherlich würden dir zwei Wochen Urlaub am Meer mit Koch und Kinderbetreuung guttun und sie seien dir von Herzen gegönnt. Aber vielleicht gibt es ja auch die kleinen und mittleren Momente, die dir im Alltag Kraft geben. Ein Treffen mit Freund*innen auf dem Spielplatz, ein kleiner Spaziergang, bevor du die Kinder abholst, oder einmal bei lauter Musik tanzen, bevor es in die Abendroutine geht und du deine Kinder feinfühlig in den Schlaf begleitest. Oder vielleicht ist es auch die Umarmung deiner Partnerperson einfach so zwischendurch.

https://bindung-beziehung.de/download-konflikte-buch/

Drucke dir die Vorlage aus, die du hinter dem QR-Code findest, setze dich mit einem Tee an einen gemütlichen Ort und nimm dir ein paar Minuten Zeit. Das ist wichtig. Nur einmal durchlesen wird nicht die Veränderung in deinem Alltag bringen, die du dir wünschst.

Wenn du die Liste ausgefüllt hast, dann suche dir eine Sache aus, die dir Kraft und Energie gibt, und plane sie für die nächste Woche ein, ganz bewusst.

Schau dir die Liste der Dinge an, die dir Energie rauben und lass in der nächsten Woche ganz bewusst eine Sache weg, die dir nicht guttut. Dabei bin ich ein großer Fan von zweitbesten Lösungen. Ein Tag in der Sauna würde dir unglaublich guttun, doch du weißt nicht, wie du das unterbringen sollst? Dann ist vielleicht ein abendliches Bad deine zweitbeste Lösung und tausendmal besser, als gar nichts zu tun.

Für mich ist das zum Beispiel mein Strandspaziergang. Ich liebe das Meer und allein am Meer spazieren zu gehen. Das mache ich regelmäßig, wenn wir im Sommer an der Ostsee sind.

Bei uns in Hannover gibt es leider keine Ostsee, dafür einen Fluss. So oft es geht – doch leider nicht vor dem Frühstück – gehe ich an diesem Fluss spazieren, das ist meine zweitbeste Lösung. Meine drittbeste Lösung ist, dass ich jeden Morgen 15 Minuten früher aufstehe, um 10 Minuten mit Musik auf den Ohren auf der Stelle zu laufen und mir den Geruch und die Geräusche des Meeres vorzustellen. Keine Kinder, keine Verantwortung, nur ich, die kurze Bewegung und die Gedanken und das Gefühl des Meeres.

Wenn du zaubern könntest: Wie könntest du gerade am besten deine Akkus aufladen? Denke erst mal nicht daran, ob es für dich gerade umsetzbar ist, denke erst mal nur an den Wunsch. Im zweiten Schritt lade ich dich dazu, ein, eine zweitbeste oder drittbeste Lösung für dich zu finden.

Zehn Minuten Laufband als zweitbeste Lösung zum Strandspaziergang. 30 Minuten Badewanne als zweitbeste Lösung zum Wellnesswochenende. Der besten Freundin eine Sprachnachricht schicken als zweitbeste Lösung zum gemeinsamen Urlaub mit ihr. Ein Hörbuch auf die Ohren beim Aufräumen der Küche als zweitbeste Lösung zum Auf-dem-Sofa-liegend-ein-Buch-Lesen.

„Check your bottle"

Ich möchte dir an dieser Stelle das Bild einer Flasche mitgeben, einer Wasserflasche, sozusagen eine Energieflasche.

Diese Flasche ist unterteilt in vier Bereiche. Ist die Flasche komplett voll, dann ist alles im grünen Bereich. Ist die Flasche noch zu drei Vierteln gefüllt, so ist auch noch genügend Energie da für eine zugewandte Konfliktlösung, auch flexibles Denken ist noch möglich. Ist die Flasche nur noch halb voll, kommen wir in den orangenen Bereich. Hier wird deutlich, dass Handlungsbedarf besteht: Du solltest Ressourcen aktivieren und Energieräuber meiden, sodass der Energiepegel wieder steigt. Ist nur noch weniger als ein Viertelliter Wasser in der Flasche, ist die Energie im roten Bereich und eine konstruktive Konfliktlösung ist nicht mehr möglich, auch fehlen meist die Kapazitäten, um Ressourcen zu aktivieren.

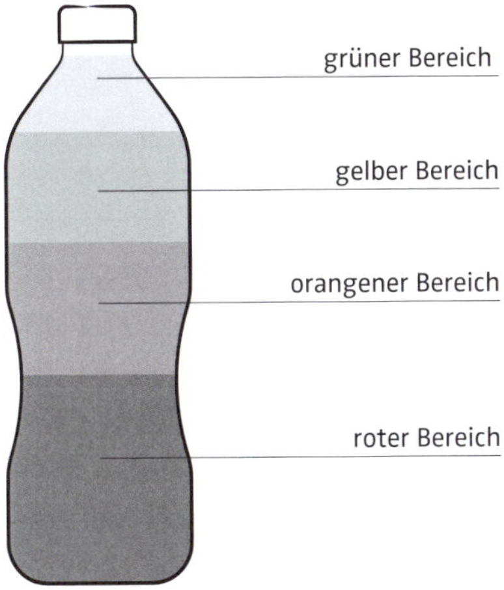

Die Energieflasche

An dieser Stelle möchte ich dich zu einer Routine einladen: Frage dich mindestens dreimal am Tag, gerne vor Übergängen: „Wie geht es meiner Energieflasche? In welchem Bereich befinde ich mich aktuell?“

Dabei ist es hilfreich, wenn du nicht nur in deinem Kopf überlegst, sondern deinen Körper miteinbeziehst. Nimm dir eine Minute Zeit, nimm einen tiefen Atemzug und gehe mit deiner Wahrnehmung in deinen Körper. Kannst du deinen Körper spüren, ist er an manchen Stellen angespannt? Das darfst du alles einmal wahrnehmen, ohne es bewusst zu verändern.

Dieser Bodycheck hilft dir, deinen Energiehauhalt regelmäßig im Alltag wahrzunehmen, um dann bewusst handeln zu können und nicht erst im roten Bereich geschockt zu registrieren, dass „nichts mehr geht“.

Auf einen Blick

Energieplanung für Konflikte: Plane deinen Tag mit Kindern so, dass du abends noch Energie hast. Eigene Kraft und Energie sind die Grundlage dafür, dass klare und liebevolle Konfliktlösungen mit deinem Kind überhaupt möglich sind.

Bewusste Energieplanung: Konflikte sind im Familienleben unvermeidlich und kosten Energie, die du einplanen musst. Wenn du also eine Aktivität mit deinen Kindern planst, überlege dir nicht nur, ob du Lust und Zeit dafür hast, sondern auch, ob du die Energie für die Konflikte hast, die es auch bei schönen Erlebnissen mit deinen Kindern gibt.

Konflikte bewusst auswählen: Nicht alle Konflikte sind notwendig. Wähle bewusst aus, welche Konflikte du annimmst und dich ihnen stellst (ohne wieder in alte Vermeidungsstrategien zu verfallen).

Gesellschaftliche Verantwortung: Erschöpfung in Familien ist keine persönliche Schwäche, sondern eine gesellschaftliche Herausforderung. Hohe Erwartungen an Familien, insbesondere an Mütter, und mangelnde gesellschaftliche Unterstützung sind der Nährboden der großen Erschöpfung von Eltern.

Kraftquellen identifizieren: Mache dich auf die Suche: Was raubt dir in deinem Alltag Energie und was gibt dir Energie? Reduziere bewusst, was dir Energie raubt, und baue Momente in deinen Alltag ein, die dir Energie geben – das können kleine und große Energiemomente sein.

Zweitbeste Lösungen: Im Alltag als Eltern braucht es an vielen Stellen Flexibilität statt Ideallösungen. Auch hier gilt: Nutze lieber unvollkommene Energiequellen als gar keine.

Check your bottle (Körper): Visualisiere deinen Energielevel mit dem Bild einer Flasche. Spüre regelmäßig in deinen Körper hinein (Bodycheck) und checke deinen Energielevel. So kannst du regelmäßig und vor allem rechtzeitig merken, was du brauchst, bevor du in einen kritischen Zustand kommst und Konflikte nicht mehr gut lösen kannst.

Das Zeitproblem der Elternschaft

Häufige Sätze, die ich in meinen Beratungen und Kursen höre, sind: „Was ist, wenn ich dafür keine Zeit habe?“, „Ja, das könnte man so machen, aber ich habe nicht immer Zeit dafür“, „Morgens haben wir einfach keine Zeit dafür, da müssen wir pünktlich sein, der Kindergarten, die Schule und die Arbeit warten einfach nicht auf uns“.

In einer Studie, warum Eltern eine Eltern-Kind-Kur beantragen, ist das auch der häufigste Grund – der Zeitdruck, der zu einer unglaublichen Belastung und Erschöpfung im Familienalltag führt. Also, wenn du dich hier wiedererkennst: Du bist nicht allein und du bist auch nicht schuld daran, dass dieses Zeitproblem dich belastet. Das ist ein Symptom unserer Zeit: das Mehr, das Größer und das Jetzt-Sofort.

Ähnlich wie beim Thema „Energie“ im vorigen Kapitel spielt auch hier die hohe Erwartungshaltung unserer Gesellschaft an Elternschaft, vor allem an Mutterschaft, eine Rolle. Beruflich erfolgreich, ein abbezahltes Haus, ein gepflegter Garten, Me-Time, Urlaub, Hobbys für sich selbst und die Kinder, gerne noch ein Ehrenamt und eine schöne Zeit mit den Kindern, das ist das Bild eines sehr privilegierten Lebens, dem gefühlt ein Großteil der Familien hinterhereifert.

Genauso, wie wir Energie brauchen, um Konflikte klar und liebevoll zu lösen, brauchen wir auch Zeit. Und diese Zeit wird uns nicht geschenkt, sondern wir dürfen sie uns nehmen. Die Priorität darauf setzen, genügend Zeit zu haben, um Konflikte klar und liebevoll zu lösen.

Was genau meine ich damit? Wie soll das gehen, dem klaren und liebevollen Umgang mit Konflikten Priorität einzuräumen?

In der Praxis geht es darum, bewusst Ja und Nein zu sagen:

- „Ja, ich stehe morgens zehn Minuten früher auf, um eventuell mit Widerstand und Müdigkeit des Kindes zugewandt umgehen zu können."
- „Nein sage ich zu meinem Chef, wenn er mich fragt, ob ich noch schnell dieses oder jenes erledigen könnte. Mit dem Nein zu meinem Chef sage ich Ja zu mir, sodass ich noch eine kurze Pause für mich habe, um dann mit genügend Zeit mein Kind abzuholen, um entspannt rechtzeitig zum Tanzen gehen zu können. Ich sage Nein zu der großartigen Musikgruppe am Nachmittag, weil ich weiß, dass es dann beim Abendessen oft so eng wird."

Es ist nicht leicht, bewusst Prioritäten zu setzen, in einer Welt, in der scheinbar alles möglich und nötig ist. Doch ist wirklich alles möglich und nötig, wenn wir unsere Werte im Auge behalten? Muss jedes Kind wirklich zwei Hobbys haben? Ist es wichtig, dass wir regelmäßig ins Theater, zum Schwimmen und zum Training fahren? Ist es für uns als Familie möglich, alle Vorsorgetermine regelmäßig wahrzunehmen? Ist zweimal die Woche Therapie nötig und wie wichtig ist es uns, fünfmal die Woche frisch zu kochen?

Diese Prioritäten zu setzen, hat auch mit Privilegien zu tun: Als Selbstständige kann ich mir leicht Termine erst ab 9 Uhr legen. Eine Alleinerziehende, die voll berufstätig ist, hat tendenziell weniger Möglichkeiten, den morgendlichen Arbeitsbeginn zu verschieben. Gleichzeitig bedeutet für mich, wenn ich erst ab 9 Uhr arbeite, dass ich abends, wenn die Kinder im Bett sind, noch eine Runde an den Schreibtisch muss. Habe ich ausreichend Geld zur Verfügung, kann ich auch die Lebensmittel und oder einzelne Mahlzeiten mit dem Lieferdienst nach Hause bestellen oder mir das Kochen mit Kochboxen vereinfachen und damit Zeit sparen.

Familien mit kranken, behinderten oder neurodivergenten Kindern haben häufig noch eine zusätzliche zeitliche Belastung mit häufigen Arzt- und Therapieterminen. Die Möglichkeiten der Prioritätensetzung sind also individuell und nicht für alle gleich.

Hier möchte ich den Fokus darauf legen, welche Möglichkeiten du und ihr als Familie habt. Ich möchte das Bewusstsein schaffen: Es braucht Zeit, Konflikte klar und liebevoll zu lösen, und manchmal braucht es dann auch die bewusste Entscheidung, den Konflikt jetzt nicht anzugehen, weil die Priorität gerade auf einer anderen Sache liegt.

Impulse für die praktische Umsetzung
1. Schritt: Nimm dir fünf bis zehn Minuten Zeit, wenn du magst am Tisch mit Stift und Papier, wenn du magst auch unterwegs bei einem Spaziergang, wie es dir gerade passt. Dann gehe gedanklich deinen Alltag durch.

6:50 Uhr aufstehen, 7:15 Uhr frühstücken,
7:30 Uhr zur Schule gehen …

2. Schritt: Dann überlege: Gibt es bei euch im Alltag Knotenpunkte, an denen es immer wieder zu Konflikten kommt, die auch etwas damit zu tun haben, dass ihr zu wenig Zeit habt? Markiere sie gerne mit einer Farbe, wenn du am Tisch sitzt.

3. Schritt: Im dritten Schritt geht es dann darum, dass du dein Ja und Nein bewusst einsetzen kannst. An welcher Stelle braucht es ein bewusstes Ja und an welcher Stelle ein bewusstes Nein?

Das können kleine, mittlere und große Schritte sein. Vielleicht geht es darum, morgens bewusst zehn Minuten früher aufzustehen, am Sonntag nach dem Besuch bei Oma nicht mehr ins schöne Kindertheater zu gehen, Nein zu sagen, wenn man gefragt wird, ob man noch einen Salat zum Kita-Fest mitbringen kann, oder sich bewusst dafür zu entscheiden, weniger Stunden zu arbeiten oder abends statt einem frischen Esssen mit Salat lieber eine Tiefkühlpizza zu machen.

Du musst heute nicht alles ändern und Entscheidungen für immer treffen. Probiere ein Ja oder Nein erst aus, schau, ob es in deinen Alltag passt und wiederhole diese Übung gerne immer mal wieder.

Auf einen Blick

Familien unter Zeitdruck: Für viele Familien ist der alltägliche Zeitdruck eine große Belastung.

Hohe Erwartungen der Gesellschaft: Dieser Zeitdruck entsteht auch durch die hohen gesellschaftlichen Erwartungen an Familien und besonders an Mütter.

Prioritäten: Wenn man versucht, alles zu schaffen, kommt man unweigerlich unter den Zeitdruck, daher braucht es individuelle Prioritäten.

Ja und Nein sagen: Um diese Prioritäten zu setzen, musst du bewusst Ja und Nein sagen. Ja zu mehr Zeit an manchen Stellen und Nein zu vielen Aktivitäten im Alltag, auch wenn es Aktivitäten sind, die du eigentlich ganz gerne magst.

Privilegen: Prioritätensetzen hat auch viel mit Privilegen zu tun. Nicht jede Familie hat die gleichen Möglichkeiten, Ja oder Nein zu zeitlichen Belastungen zu sagen.

Möglichkeiten: Auch wenn nicht jede Familie die gleichen Möglichkeiten hat, hat jede Familie Möglichkeiten; wenn man darauf den Fokus richtet, gibt es die Möglichkeit, aus diesem Zeitdruck auszusteigen.

Umsetzungsübung: Notiere dir euren Tagesablauf, markiere die Knotenpunkte, an denen Zeitnot euch daran hindert, Konflikte klar und liebevoll anzugehen, und entscheide, an welcher Stelle es ein Ja oder ein Nein für euch braucht.

Die Scham

Scham ist ein Gefühl, das auch in Konflikten eine große Rolle spielt. Konflikte mit unseren Kindern entstehen, weil unsere Scham zwischen uns und unseren Kindern steht:

- „Du darfst hier nicht so laut weinen, was sollen die anderen denken?"
- „Reiß dich zusammen, so darfst du dich nicht verhalten." „Das durfte ich als Kind nicht."

Diese Scham führt auch dazu, dass unsere Kinder immer wieder beschämt werden, wenn sie ihre Gefühle zeigen.

- „Ha, ha, der Jens hat Angst vor den Kühen auf der Weide, sei kein Weichei, davor brauchst du keine Angst zu haben."
- „Stell dich nicht so an, benimm dich nicht wie ein Baby, das kann sogar deine kleine Schwester."
- „Alle anderen Kinder machen das auch, warum kannst du nicht auch mal ohne zu weinen im Kindergarten bleiben?"

Kennst du den einen oder anderen Satz? Spürst du noch das Herzklopfen, das Kribbeln im Bauch und die Röte im Gesicht? Auch uns Eltern ist es schnell peinlich, wenn wir uns mit unseren Sorgen und Ängsten zeigen:

- „Du machst dir Sorgen, ob es deinem Kind im Kindergarten gut geht, wenn es jeden Morgen beim Abschied weint? Ach, du musst nur loslassen, es wird schon lernen."
- „Du bist müde von den anstrengenden Nächten? Ach, dein Kind schläft noch bei dir im Bett, da bist du selbst schuld."
- „Du bist Mutter und müde davon, Kinder und Beruf unter einen Hut zu bringen? Deine armen Kinder."

Scham ist richtig und manchmal zu viel

Scham ist ein sehr mächtiges Gefühl, das stark von sozialen Normen und Werten abhängt. Alle Menschen auf der Welt kennen das Gefühl der Scham, doch wofür sich jemand schämt, hängt sehr von der Zeit, der Kultur, der Religion und dem sozialen Umfeld ab, in dem die Person lebt, sowie von der eigenen Prägung, Erziehung und den eigenen Erfahrungen.

Vor rund 100 Jahren war Scheidung in unserer Gesellschaft noch sehr schambesetzt, heute ist dies deutlich weniger der Fall. In der westlichen Kultur ist es in den meisten sozialen Umfeldern akzeptiert, dass Ehen auch wieder auseinandergehen. In anderen Kulturen und einigen Religionen ist es aber auch heute noch teilweise ein mit Scham besetztes Thema.

Ob Scheidung ein schambesetztes Thema ist oder nicht, kann auch individuell von der eigenen Prägung beeinflusst sein. Wurde im eigenen Elternhaus eher abfällig über geschiedene Paare gesprochen, so ist die Wahrscheinlichkeit deutlich höher, dass man sich für die eigene Scheidung und vielleicht ein vermeidbares Scheitern schämt.

Scham hängt auch von den Beziehungen ab, in denen man sich befindet. So kann es sein, dass du dich gegenüber deinen Freund*innen nicht dafür schämst, dass du dich hast scheiden lassen, gegenüber deinem konservativen Arbeitgeber vielleicht schon.

Wofür du dich also in deiner Elternrolle schämst, hängt von sehr vielen Aspekten ab. Generell schämen sich Frauen häufiger und intensiver als Männer, und das können wir auch in der Elternschaft sehr deutlich beobachten. An die Mutterrolle sind viel stärker überhöhte und unrealistische gesellschaftliche Erwartungen geknüpft als an die Vaterrolle, daher ist die Mutterrolle viel anfälliger für Scham. An vielen Stellen stolpern Eltern über Scham, und Scham verhindert an vielen Stellen einen friedlichen Umgang mit Konflikten.

Doch wie alle Gefühle hat auch die Scham einen guten Grund. Scham sorgt dafür, dass Menschen sich an die sozialen Normen ihrer Umgebung halten und Grenzen respektieren. Scham wird dann zerstörerisch, wenn sie sich nicht mehr nur auf eine konkrete Handlung bezieht, sondern sich wie eine schwere Decke ausbreitet.

Es ist hilfreich, wenn Eltern sich dafür schämen, dass sie ihre Kinder anschreien oder grob zu ihnen sind, denn dann haben sie eindeutig eine Grenze überschritten. Schämen sich Eltern jedoch für jeden Konflikt, den sie mit ihrem Kind haben, oder für die Gefühle, die ihr Kind zeigt, ist Scham nicht mehr hilfreich.

Was macht Scham für uns so unerträglich?

Wir haben zwei Bereiche in unserem Nervensystem. Einmal den Sympathikus, das ist sozusagen unser Gaspedal, damit aktivieren wir uns, werden aktiv, wir laufen, lachen oder rennen wütend los. Dann haben wir den Parasympathikus, das ist unsere Bremse – jedes Auto braucht auch eine Bremse, sonst wird es schmerzhaft. Auch wir müssen immer wieder runterfahren, ruhiger werden, zum Schlafen, zum Kuscheln, zum Pausieren oder auch, wenn wir in uns konzentrieren wollen.

Wenn wir uns jetzt schämen, passiert es, dass beide Systeme aktiv werden. Man steht sozusagen auf Gas und Bremse gleichzeitig, und ist voll aktiv und kommt gleichzeitig nicht von der Stelle. Auf der einen Seite will unser System fliehen oder kämpfen, der Situation entkommen, und auf der anderen Seite ist man starr und festgehalten und daraus entsteht das sehr unangenehme Gefühl der Scham. Wir werden rot, der Herzschlag wird schneller, der Körper verkrampft sich und der eine oder die andere fängt auch an zu schwitzen: Unser Nervensystem reagiert bei Scham ähnlich wie in unserer Überlebensreaktion der Schockstarre, die du bereits kennst (siehe Seite 79).

Ein neuer Umgang mit der Scham

Es ist wichtig zu wissen und zu akzeptieren, dass alle Eltern Fehler machen, dass überall Konflikte entstehen und dass es schwierige und anstrengende Phasen in der Elternschaft gibt.

Reden wir gemeinsam darüber! Es gibt keine perfekte Elternschaft und Gefühle wie Überforderung, Wut und Traurigkeit gehören dazu. Wir alle können in der Gesellschaft etwas verändern, indem wir offener miteinander umgehen. Vielleicht sprichst du beim nächsten Treffen mit deiner Freundin oder im Gespräch mit anderen Eltern vor dem Kindergarten oder der Schule einfach mal offen darüber, dass dir Konflikte mit deinem Kind manchmal schwerfallen und dich überfordern?

Ich weiß noch, wie dankbar mein Umfeld war, als ich anfing, auch über die schweren Momente von Elternschaft zu sprechen, und wie viel sich für mich verändert hat, als ich Menschen um mich hatte, die sich auch öffneten.

In meinen Online-Kursen kann ich dieses Phänomen immer wieder beobachten, deshalb liebe ich die Arbeit mit Gruppen sehr. Dort kann ich einen Raum öffnen und halten, in dem alle Eltern auch von ihren

Schwierigkeiten erzählen und sich nicht mehr so allein mit ihren Themen fühlen.

Elternschaft ist großartig, wunderbar, warmherzig, anstrengend und überfordernd und ich kenne keinen Elternteil, der nicht auch mal verzweifelt war und ist.

Lasst uns gemeinsam die dicke Schamdecke lüften, die so schwer auf dem Thema Elternschaft und Konflikten, Fehlern und Versagen liegt. Indem wir über unsere Scham sprechen, machen wir uns verletzlich, ja, wir wachsen, werden stark und können etwas verändern.

Und was kannst du tun, ganz akut, wenn dir deine Scham im Alltag begegnet?

Wie so oft ist Empathie der Schlüssel zur Veränderung. Wenn du Scham in dir spürst, lade ich dich ein, einen Moment innezuhalten, dich zunächst liebevoll anzuschauen und dir dann folgende Frage zu stellen: Ist die Scham, die hier auftaucht, ein Wert, der mir wirklich wichtig ist, oder ist es ein Wert, der mir von außen suggeriert wird?

Wenn es ein Wert ist, der dir wichtig ist, dann kannst du überlegen, was du ändern kannst, was du beim nächsten Mal anders machen kannst, damit du deinen Werten entsprechend handeln kannst. Wenn nötig, kannst du Verantwortung für die aktuelle Situation übernehmen, d. h., dich bei deinem Kind für deine Worte entschuldigen (siehe Seite 30).

Dann möchte ich dich noch zu einer weiteren Frage einladen: Stell dir vor, ein Freund oder eine Freundin ist in einer ähnlichen Situation, was würdest du ihm oder ihr sagen? Versuche, dir genau das selbst zu sagen, es zu fühlen.

Du möchtest mehr über Scham und den Umgang damit erfahren? Die Autorin Brené Brown hat sich sehr wertvoll mit dem Thema Scham und Verletzlichkeit auseinandergesetzt, sehr berührend und lohnenswert.

Jetzt haben wir über deine Scham gesprochen, wie sieht es mit der Scham deines Kindes aus?

Ja, auch dein Kind lernt Scham kennen und damit umzugehen. Lade auch dein Kind dazu ein, einen offenen Umgang damit zu finden und sei sehr achtsam damit. Scham kann eine schwere Decke sein und einen gesunden Umgang mit den eigenen Gefühlen erschweren.

Vermeide es, dein Kind zu beschämen, vor allem wegen seiner eigenen Gefühle:

- „Ich sehe, dass du traurig bist, das ist okay, ich kann auch traurig sein."
- „Warum bist du jetzt traurig, das ist kein Grund, husch, husch, jetzt ist alles wieder gut, jetzt kannst du wieder fröhlich sein."

- „Du hast Angst, ja, auch die Angst gehört dazu, alle Menschen haben mal Angst."
- „Stell dich nicht so an! Du bist doch schon so alt, davor brauchst du keine Angst zu haben, du bist doch kein Baby mehr."

- „Du bist wütend, das ist in Ordnung, erinnerst du dich, neulich war ich auch sehr wütend."
- „Sei still, was wird Oma denken, die wird bestimmt traurig sein, wenn du so wütend bist."

- „Ich sehe, wie du lachst und dich freust."
- „Lach nicht so laut, das ist peinlich, das macht man nicht."

Achte darauf, dass du, wenn du etwas kritisierst, das Verhalten kritisierst und nicht dein Kind als Person.

„Ich will nicht, dass du deinen Bruder schlägst."

„Das machen nur böse Kinder, hauen, lass es."

„Oh, das Zimmer ist noch nicht fertig aufgeräumt, ich möchte, dass wir das jetzt gemeinsam fertig aufräumen, nimm einmal die Stifte hier …"

„Du bist so unordentlich, eine richtige Chaos-Lise!"

„Potzblitz, komm bitte rein, wir wollen essen."

„Du bist unpünktlich und ein Zuspätkommer, dir ist es egal, dass ich ganz traurig bin, wenn ich immer auf dich warten muss."

Du liest dieses Buch wahrscheinlich, weil dir Konflikte schwerfallen, weil das Thema Konflikte für dich vermutlich auch mit Scham behaftet ist. Ich danke dir, dass du dieses Buch liest, dass du dich diesem Thema stellst und dass du einen ganz großen Schritt machst, deinen „Scham-Rucksack", der manchmal sehr schwer ist, nicht ungefiltert an dein Kind weiterzugeben. Das ist großartig und sehr lohnend.

Vielleicht liest du diese Worte mit einem „aber" auf der Lippe und der Sorge, dass du an der einen oder anderen Stelle doch deine Scham schon an dein Kind weitergegeben hast oder in Zukunft weitergeben wirst. Ja, das wird passieren und das ist in Ordnung. Einen schweren „Scham-Rucksack", der über Jahrhunderte gefüllt wurde, kannst du nicht in einer Generation allein ablegen. Du zeigst deinem Kind, wie man diesen Rucksack leert. Der Rucksack deines Kindes wird schon viel leichter sein als deiner und dein Kind hat bei dir gesehen, man kann ihn noch kleiner machen. Der „Scham-Rucksack" deines Enkelkindes wird auch noch viel kleiner sein.

Eine Generation reicht nicht für alle Veränderungen, die wir uns wünschen, aber du und ihr macht jetzt den wichtigen Schritt und durchbrecht die Spirale und seid bereit für Veränderungen. Das ist großartig.

Auf einen Blick

Die Rolle von Scham in Konflikten: Viele Konflikte entstehen oder werden verstärkt durch Scham. Innere Sätze wie „Reiß dich zusammen" oder „Das durfte ich als Kind nicht" können Konflikte erschweren.

Entstehung von Scham: Scham hängt stark von gesellschaftlichen und individuellen Werten und Normen ab. Alle Menschen auf der Welt schämen sich, doch es sind unterschiedliche Situationen, die Scham auslösen. Viele unrealistische und überzogene Erwartungen an die Elternrolle, insbesondere an die Mutterrolle, führen dazu, dass Elternschaft an vielen Stellen sehr schambesetzt ist.

Der Sinn von Scham: Scham ist wichtig, um gesellschaftliche Normen und Werte einzuhalten. Scham ist hilfreich bei einzelnen norm- oder grenzverletzenden Handlungen. Wenn Scham sich auf ganze Themenbereiche ausbreitet, ist sie nicht mehr hilfreich.

Umgang mit Scham im Alltag: Scham aktiviert und bremst unser System gleichzeitig. Man fühlt sich aktiv und gleichzeitig blockiert, wenn man sich schämt. In der Akutsituation hilft uns das Innehalten und die Selbstempathie, um zu entscheiden, ob Scham in diesem Moment für uns hilfreich ist oder nicht.

Gemeinsam gegen die Scham: Es gibt keine perfekte Elternschaft. Sprich offen über Herausforderungen und trage so dazu bei, dass die Gesellschaft offener wird. Wir als Gesellschaft prägen, wofür sich Menschen schämen und wofür nicht. Dafür, dass es Konflikte in einer Familie gibt, soll sich bitte bald keine Familie mehr schämen.

Verstehen statt beschämen: Auch Kinder lernen mit Scham umzugehen. Unterstütze dein Kind dabei und sprich offen darüber. Vermeide es, dein Kind zu beschämen, vor allem nicht wegen seiner Gefühle. Bei Kritik, achte darauf, dass du auf der Handlungsebene bleibst und nicht das Kind als Person zu kritisierst.

Veränderungsperspektive: Du bist bereit für Veränderung und möchtest die Scham, die du durch deine Herkunftsfamilie erfahren hast, nicht auf dein Kind übertragen. Das ist wertvoll und richtig. Schätze dabei die kleinen Schritte. Es ist nicht möglich und auch nicht nötig, dass du all die Scham, die sich über Generationen angesammelt hat, allein aufarbeitest. Du machst den Schritt zur Veränderung, das ist entscheidend, und dein Kind wird den Weg weitergehen.

5. SCHRITT – UMSETZEN: SO LÖST IHR KONFLIKTE IM ALLTAG

Wie kannst du das alles im Alltag umsetzen? Wie kann ein liebevoller und klarer Umgang mit Konflikten ganz konkret gelingen? Darum soll es in diesem Kapitel gehen. Mithilfe meiner Konfliktlösungspyramide zeige ich dir genau das für verschiedene Altersstufen anhand klassischer Konflikte.

Klassische Konflikte

Ich habe mir für jedes Alter einen ganz klassischen Konflikt herausgesucht und zeige dir, wie er in den drei Schritten meiner Konfliktlösungsstrategie gelöst werden kann. Dabei ich je nach Situation die Grundlagen aus dem Blumenstrauß der Möglichkeiten verwendet (siehe „4. Schritt – Lernen“ ab Seite 98). Am Ende des jeweiligen Konfliktes gibt es jeweils noch Impulse für „Flügel- und Wurzeleltern“. In diesem Kapitel bist du eingeladen, zu springen. Lies gerne die Konflikte (zuerst), die dich betreffen. Was euch nicht betrifft, musst du nicht lesen. Natürlich kannst du die Konflikte auch der Reihe nach lesen und dich so auf vielfältige Weise inspirieren lassen. Mach es so, wie es für dich passt. Wichtig ist mir, dass du diese Beispiele nicht als Handlungsaufforderung liest, die du anschließend Schritt für Schritt mit deinem Kind befolgen sollst. Lies sie lieber als Anregung. Entwickle ein Gefühl für einen liebevollen und klaren Umgang mit Konflikten und probiere es dann selbst im Alltag aus. Was hilft dir, was gefällt deinem Kind? Gemeinsam könnt ihr lernen und erleben, wie Konflikte euer Zusammenleben nicht mehr belasten, sondern eure Eltern-Kind-Beziehung stärken. Und denk an die kleinen Schritte. Sie sind es, die zu einer echten und nachhaltigen Veränderung führen.

Konflikte zweijähriges Kind: „Ich ziehe die Jacke nicht an!"

Ausgangssituation

Katja möchte mit ihrem Sohn Maxi nach draußen gehen, es ist ein Herbsttag, Katja findet es kühl, sie möchte, dass ihr Sohn seine Jacke anzieht, denn sie hat Sorge, dass er sich erkältet. Maxi weigert sich lautstark, haut um sich, schmeißt sich auf den Boden und lässt sich nicht mal mehr von Katja anfassen. Katja ärgert sich sehr, immer dieses Theater beim Rausgehen, nie kann Maxi einfach die Jacke anziehen. Sie reißt sich jedoch sehr zusammen und erklärt immer wieder sehr geduldig, dass sie ohne Jacke nicht rausgehen können, weil es kalt ist und er sonst krank wird.

„Wenn es im Konflikt ums Gewinnen geht, geht der Gewinn verloren."

1. Ebene der Konfliktpyramide: Sicherheit

Katja setzt sich in die Garderobe, hört auf, Maxi alles erklären zu wollen, und nimmt einen tiefen Atemzug. Sie erinnert sich, dass Maxi einen guten Grund hat, die Jacke nicht anziehen zu wollen, und ihr nicht schaden möchte. Sie erinnert sich auch daran, wie selbstständig und stolz er sich heute Morgen angezogen hat, sogar seinen Lieblingspulli. Maxi signalisiert sie erst mal, dass sie jetzt ausgestiegen ist aus dem Kampf und zuversichtlich ist, eine Lösung zu finden.

Das könnte sich vielleicht so anhören:

- „Puh, Maxi, da haben wir jetzt ja was. Ich muss einmal Luft holen, dann finden wir sicher eine gute Lösung.“
- „Maxi, stopp! Ich habe gehört, du möchtest die Jacke nicht anziehen. Willst du in meinen Arm kommen, damit wir gemeinsam eine Lösung finden können?“
- „Oh, jetzt ist es hier aber ganz schön laut geworden. Schau mal, ich setzt mich hier einmal hin und warte auf dich. Ich möchte eine gute Lösung finden und dir zuhören.“

2. Ebene der Konfliktpyramide: Gefühle erkennen und sortieren
Katja sortiert erst mal ihre eigenen Gefühle, sie sieht, wie groß ihre Sorge vor einem Schnupfen bei ihrem Sohn ist: Nächste Woche hat sie beruflich einen wichtigen Termin, ihre Belastung ist gerade hoch und falls Maxi jetzt krank würde, wäre das besonders ungünstig. Im nächsten Atemzug kann sie erkennen, dass das ihre Themen sind und das Maxi noch nie wegen einer fehlenden Jacke krank geworden ist. Sie möchte Maxi nicht den Stress ihrer Arbeit ausbaden lassen. Deshalb geht sie in den Austausch mit Maxi:
Katja: „Ich sehe, du magst die Jacke überhaupt nicht anziehen.“
Maxi: „Ja!“
Katja: „Möchtest du ohne Jacke rausgehen?“
Maxis: „Ja.“
Katja: „Möchtest du selbst entscheiden, ob du eine Jacke anziehst oder nicht?“
Maxi: „Ja“

Fragen, die unsere Kinder mit Ja beantworten können, helfen uns, mit unseren Kindern in Verbindung zu kommen. Sie sind ein guter Türöffner für einen Dialog und können unseren Kindern helfen, sich zu regulieren.

3. Ebene der Konfliktpyramide: Lösung finden
Maxi und Katja sind in einem Austausch und in Verbindung, jetzt kann es um eine Lösung gehen. Da sie jedoch mitten im Aufbruch sind, möchte Katja die Führung übernehmen und damit Sicherheit für den schwierigen Übergang nach draußen geben. Daher bietet sie schnell und klar eine Lösung an:
Katja: „Gut, dann gehen wir jetzt so raus, ich nehme deine Jacke mit und wenn dir kalt ist, kannst du sie anziehen."
Maxi: „Keine Jacke!"
Katja: „Ja, wir gehen jetzt ohne Jacke raus."

Impulse für „Team Flügel"
Es geht hier um den Körper deines Kindes, deshalb ist besonders wichtig, Grenzen zu wahren. Nur weil dir kalt ist und die Vernunft sagt, eine Jacke wäre gut, muss das noch nicht die Lösung für dein Kind sein. Dein Kind ist gerade in der Autonomiephase und Selbstbestimmung ist ihm ganz wichtig. Es macht seine Erfahrungen und lernt viel mehr, wenn es seine Jacke dann anziehen kann, wenn es ihm kalt ist, als wenn es sie anziehen muss, weil „man das so macht". Du brauchst keinen Machtkampf! Durch Nachgeben und feinfühliges Begleiten lernt dein Kind, wie es seinem Körpergefühl vertrauen und für sich selbst sorgen kann. Indem du die Jacke mitnimmst, bleibst du in der Fürsorge und kannst bei Bedarf deinem Kind die Jacke geben.

Impulse für „Team Wurzeln"
Bei einem Übergang darfst du gerne die Führung übernehmen, zugewandt und klar. Zu lange Erklärungen mitten im Übergang sind für so ein Kindergehirn oft zu viel.

Kurze zugewandte Sätze sind in diesen Momenten wichtig. Du darfst dich auch positionieren, wie wichtig es dir ist, eine Jacke mitzunehmen, selbst gegen den Widerstand deines Kindes. Du wahrst seine Grenzen, indem du es nicht zwingst, sie anzuziehen, und du bleibst in deiner Verantwortung und Fürsorge, wenn du die Jacke mitnimmst.

Konflikte vierjähriges Kind: „Ich will nicht"

Ausgangssituation

Fast jeden Abend eskaliert die Situation in der Familie von Tim, 4 Jahre, und Jaron, 5 Jahre. Sie waren unterwegs, haben schön gespielt oder sich gestritten. Auf jeden Fall ist es plötzlich ziemlich spät. Dann muss noch Essen gemacht werden, da streiten sie sich schon wieder.

Das Essen ist meistens sehr unruhig und danach bekommen sich die Geschwister häufig in die Haare. Ihre Mutter, Tanja, gibt sich alle Mühe, auf die Bedürfnisse der Jungs einzugehen, will friedlich sein, erklärt, will ihre Macht nicht missbrauchen. Irgendwann kommt auch Frank, der Papa, nach Hause. Manchmal isst er zuerst und möchte dann noch mit den Kindern spielen, manchmal spielt er sofort mit den Kindern und manchmal ist er für alles zu müde. Auch wenn sich beide Eltern nach dem Tag nach einem friedlichen Abend sehen, kommt es fast jeden Tag zur Eskalation, alle werden laut, die Jungs bekommen die Kurve nicht und Tanja ist nur noch müde und kann nicht mehr. Die Eskalationspunkte wechseln: Mal geht es darum, wer wo im Bett schläft, mal darum, wer zuerst Zähne putzen darf oder wer die Geschichte aussuchen darf etc.

1. Ebene der Konfliktpyramide: Sicherheit

Das Verhalten der Kinder hat einen guten Grund: Sie sind zu müde und ihnen fehlen Orientierung und Führung in den müden Abendstunden. Das Verhalten ist gut nachvollziehbar, wenn man das so sieht; trotzdem muss man es nicht gutheißen. Verständnis bedeutet nicht Einigkeit. Also was brauchen Tanja und Frank, um in die Führung zu kommen?

2. Ebene der Konfliktpyramide: Gefühle erkennen und sortieren
In diesem Fall ergibt es Sinn, dass sich Tanja und Frank erst mal ohne die Kinder sortieren. Sie nehmen sich einen ruhigen Moment und reflektieren, dass sie sich sehr wünschen, dass der Abend friedlich ist. Beide freuen sich, wenn die Kinder noch Zeit zum Spielen haben, gerade Tanja hat auch ein schlechtes Gewissen, dass die Kinder so lange in der Kita sind. Außerdem sind beide sehr erschöpft vom Tag.

Tanja hat die Wunschvorstellung, dass die Kinder selbstbestimmt, friedlich nach einem langen Tag ins Bett gehen. Die Realität sind abendliche Konflikte. Frank möchte ab einem bestimmten Punkt einfach, dass Ruhe ist und ist dann sehr angestrengt vom abendlichen Streit.

Tanja und Frank erkennen für sich, dass sie mit ihren Erwartungen sich selbst und die Kinder überfordern. Sie überlegen gemeinsam, wie sie mehr Führung und Orientierung in die Abendroutine bringen können.

3. Ebene der Konfliktpyramide: Lösung finden
Tanja und Frank entwickeln eine Abendroutine, in der es mehr Klarheit und Führung gibt. Sie sprechen ab, dass Frank verbindlich um 17:30 Uhr zu Hause ist und dann mit den Kindern spielt, während Tanja das Essen vorbereitet. Falls er zu müde ist, übernimmt er das Essen und Tanja das Spielen. An Tagen, an denen er 17:30 Uhr nicht schafft, kommt er erst nach 19 Uhr, damit er den Abendablauf nicht so durcheinanderbringt.

Nach dem Essen werden die Kinder gleich bettfertig gemacht und die Eltern gehen beide mit ins Bad und lassen die Küche Küche sein, um sich ganz auf die müden Kinder zu fokussieren. Der Vorteil daran, dass die Kinder direkt nach dem Essen bettfertig gemacht werden, ist, dass alle noch nicht so müde sind und die Kinder noch besser mitmachen können.

Danach spielen die Kinder mit einem Elternteil noch ein bisschen und lesen, während das andere Elternteil die Küche aufräumt.

Den Kindern fällt der Übergang zunächst weiter schwer und sie wollen sich nach dem Essen nicht bettfertig machen. Doch durch die Klarheit können die Eltern zugewandt führen.

„Mama/Papa, bitte, ich möchte unbedingt noch rausgehen nach dem Essen, ich gehe auf keinen Fall ins Bett." Während sich die Eltern vorher bei solchen Aussagen noch zwischen „Okay, dann geh doch" oder langen Erklärungen, warum es lieber doch nicht so gut ist verstrickt haben, positionieren sie sich jetzt klar: „Jaron, morgen kannst du gerne wieder in den Garten, jetzt möchte ich, dass du dich bettfertig machst, danach können wir oben noch etwas spielen."

Auch wenn Tanja sich klar positioniert, bleibt Jaron dabei: Er möchte unbedingt raus. Tanja bleibt zugewandt bei ihrer Meinung, sie wird nicht wütend, setzt sich jedoch vor die Tür nach draußen und wiederholt zwei-, dreimal den Satz und wartet ab. Sie lässt Jaron wütend sein.

Nach einige Zeit, in der sie ihm Verständnis gegeben hat – „Ich kann verstehen, dass du weiterspielen möchtest, es ist echt noch schön draußen" –, bietet sie Jaron ein Spiel an: Er darf auf ihren Rücken steigen und bestimmen, in welchem Tempo Tanja ihn ins Bad trägt. Diese Brücke kann Jaron besser annehmen.

MACHTUMKEHRSPIELE

Machtumkehrspiele sind wunderbare kleine Hilfen, um Kindern ein Stück Selbstbestimmung zu geben und mit ihnen in Verbindung zu sein. Das sind Spiele, in denen die Kinder die Kontrolle über uns übernehmen können, z. B., indem sie bestimmen, wie schnell wir gehen oder wie wir unsere Arme bewegen. Oder sie machen spielerisch bewusst das Gegenteil von dem, was wir ihnen humorvoll sagen. Du könntest z. B. ein Roboter sein, der immer genau das Gegenteil von dem macht, was man ihm sagt. Dein Kind darf dich vom Bad ins Bett „bestimmen" und lenken und dabei auf deinem Rücken sitzen. Diese Spiele eignen sich besonders gut, wenn man merkt, dass die Kinder gerade nicht so viel Selbstbestimmung haben und es ihnen schwerfällt, das zu akzeptieren und/oder auszuhalten.

Dadurch, dass beide Eltern gemeinsam hier die Führung übernehmen, konnte Frank inzwischen Tim fertig machen.

Nach ein paar Wochen ist die neue Abendstruktur zur Routine geworden und es wird für alle weniger anstrengend. Die erste Umstellungsphase war anstrengend, doch dass es sich gelohnt hat, merken die Eltern schon nach etwa zwei Wochen.

Impulse für „Team Flügel"
Unterstütze dein Kind und bleibe bei ihm während des Übergangs. Bevor du 50-mal sagst „Zieh bitte die Hose aus", geh zu deinem Kind und hilf ihm dabei. Dein Kind wird dadurch nicht unselbstständiger, sondern es lernt von dir: „Wenn ich müde bin, bekomme ich Unterstützung." Bindung und Sicherheit sind die Basis für Selbstständigkeit.

Fällt es dir schwer, dich abends auf die Bedürfnisse deines Kindes einzustellen? Dann schau, ob du an anderer Stelle, vielleicht über den Tag verteilt, mehr Zeiten einplanst, in denen du freier entscheiden kannst und auch keine Verantwortung für das Kind trägst. Dann fällt es dir vielleicht leichter, dich abends an die Bedürfnisse des Kindes anzupassen.

Impulse für „Team Wurzeln“
Wenn dein Kind müde ist, ist es nicht mehr so empfänglich für lange Erklärungen. Verwende stattdessen kurze, klare Sätze. Gleichzeitig darfst du klar und liebevoll sein und es ist in Ordnung, wenn dein Kind nicht mit dem einverstanden ist, was du sagst. Bleibe auch hier klar und liebevoll. Dein Kind darf traurig und auch wütend sein, eure Beziehung ist nicht in Gefahr und dein Kind liebt dich weiterhin. Denke daran, Führung und Orientierung geben Sicherheit, besonders in Übergangssituationen.

Achte auch unbedingt auf deine eigene Energie. Beginne rechtzeitig mit der Abendrunde und nicht erst, wenn du zu müde bist. Die Begleitung am Abend kostet noch einmal viel Energie, es ist zu spät, wenn du damit erst beginnst, wenn deine Wasserflasche schon im roten Bereich ist.

Konflikte fünfjähriges Kind: „Ich möchte jetzt ein Eis!“

Ausgangssituation
Markus macht gerade Mittagessen, er ist recht spät dran. Sein Sohn Sam kommt aus seinem Zimmer, dort hat er gerade Lego gebaut. Sam kommt in die Küche und will jetzt sofort ein Eis. Er fordert es lautstark ein und bekommt einen Wutanfall, als Markus es ihm nicht erlaubt.

1. Ebene der Konfliktpyramide: Sicherheit
Markus kann sich einmal sammeln und sich daran erinnern, dass die Gefühle in Ordnung sind und Sam diese Wut nicht hat, um zu pro-

vozieren. Für Sam ist es wichtig und hilfreich zu spüren, dass er mit seiner Wut und seinem Wunsch seinen Papa nicht in Schwierigkeiten bringt.

Markus wägt für sich ab. Er interpretiert den dringenden Wunsch nach einem Eis, jetzt sofort, als Hunger. Sie haben in der Vergangenheit die Erfahrung gemacht, dass Sam, wenn er kurz vor dem Essen etwas Süßes isst, zum Essen keinen Hunger mehr hat und dafür am Nachmittag oft wieder hungrig und schlecht gelaunt ist.

Aufgrund dieser Erfahrungswerte beschließt Markus, dass es für ihn wichtig ist, dass Sam erst einmal die vollwertige Mahlzeit isst, in die er gerade Zeit und Energie investiert hat, und danach das Eis.

Es gibt auch Kinder, bei denen sich das Essverhalten nicht ändert, wenn sie vor dem Essen eine Kleinigkeit naschen. Für manche Familien ist es auch völlig in Ordnung, in einer solchen Situation zu Mittag etwas Süßes zu essen und am Nachmittag etwas vom Mittagessen. Das sind individuelle Entscheidungen. Markus hat sich aufgrund seiner bereits gemachten Erfahrungen für den oben genannten Weg entschieden.

2. Ebene der Konfliktpyramide: Gefühle erkennen und sortieren
Da Sam sehr wütend und verzweifelt ist, sagt Markus nicht viel, gibt stattdessen Verständnis und schafft Klarheit.
Markus: „Boah, ich sehe, du willst unbedingt Eis essen. Das kannst du gerne nachher machen. Jetzt koche ich, in fünf Minuten gibt es leckere Nudeln, die magst du doch."
Sam: „Ich mag die blöden Nudeln nicht!"
Markus: „Ja, du bist sauer, das ist okay, ich glaube, du hast großen Hunger."

Viel mehr sagt Markus nicht. Für ihn ist es okay, dass Sam wütend ist, und gleichzeitig bleibt er bei seiner Haltung.

3. Ebene der Konfliktpyramide: Lösung finden
In dieser Situation gibt es jetzt gar keine „richtige“ Lösung. Doch das ist total okay. Wichtig ist, dass Sam mit seinen Gefühlen nicht abgewertet wird und dass er die Erfahrung machen darf: „Ich bin mit meiner Wut okay.“

Gefühle kommen und gehen. Nach einiger Zeit des ruhigen Begleitens wird die Wut auch vorbeigehen und Sam wird akzeptieren, dass er erst das Mittagessen essen muss, bevor er ein Eis bekommt.

So hat Sam die Erfahrung gemacht: „Ich darf wütend werden und es ist doof, nicht meinen Willen zu bekommen, doch davon geht die Welt nicht unter.“

Impulse für „Team Wurzeln“
Es ist völlig in Ordnung, wenn wir uns als Eltern bei unseren Kindern auch mal unbeliebt machen, das schadet unserem Vertrauen nicht. Du gibst deinem Kind hier die Erfahrung, dass sein Frust und seine Wut dich nicht in Schwierigkeiten bringen, und das gibt deinem Kind die Sicherheit, all seine Gefühle zu spüren. Das ist wichtig und gesund.

Ein Ja, nur um den Konflikt zu vermeiden, ist genauso wie ein Nein aus Prinzip: dauerhaft nicht hilfreich für die Beziehung zwischen dir und deinem Kind und die Entwicklung für Kinder.

Impulse für „Team Flügel“
Denke daran: Dein Kind will nicht seinen Willen durchsetzen oder Grenzen austesten, sondern seine Wut ist gerade Ausdruck seiner emotionalen Überforderung. Bleibe sanft und zugewandt. Tröstende und verständnisvolle Worte von dir helfen deinem Kind, eine wichtige Erfahrung zu machen: „Ich bin mit meiner Wut einverstanden und werde für meine Gefühle nicht beschämt oder abgewertet. Mein Papa/ meine Mama bleibt an meiner Seite, auch wenn ich wütend bin und eine andere Meinung habe.“

Konflikte siebenjähriges Kind: „Räum dein Zimmer auf!“

Ausgangssituation

Jasmina, 7 Jahre, langweilt sich im Wohnzimmer, hat schlechte Laune und weiß nicht, was sie tun soll. Ein Blick in ihr Zimmer macht deutlich, dass es dort zu unordentlich ist, um ihrer Lieblingsbeschäftigung, dem Basteln, nachzugehen. Überall in ihrem Zimmer liegen Bastel- und Spielsachen. Tim, der Papa, mahnt schon seit vielen Tagen täglich das Aufräumen an. Neulich hat er es auch nicht mehr ausgehalten und aufgeräumt, als Jasmina in der Schule war. Doch das ging nicht lange gut, schon am Nachmittag war wieder alles durcheinander.

Tim fühlt sich hilflos. In seiner Not hat er schon gedroht, alles in den Müllsack zu schmeißen, doch auch das hat nicht zum aufgeräumten Zimmer geführt. Tim fragt sich auch, ob es sein Fehler ist, dass seine Tochter nicht aufräumt.

1. Ebene der Konfliktpyramide: Sicherheit

Der Konfliktlösungsprozess beginnt wieder bei der erwachsenen Person. Tim darf erkennen, dass hinter Jasminas Verhalten keine Provokation, sondern Überforderung steckt.. Tatsächlich ist das Aufräumen des eigenen Zimmers eine sehr komplexe Aufgabe und Kinder brauchen in der Regel Begleitung und unterstützende Strukturen von uns Eltern, oft auch noch in der Grundschulzeit.

Tim wechselt die Perspektive und erinnert sich an sein Gefühl, wenn er vor Herausforderungen steht, die ihm unübersichtlich und unlösbar erscheinen, wie die Steuererklärung, die er seit neun Monaten vor sich herschiebt. Tim erinnert sich auch an das Gefühl, das er als kleiner Junge hatte, als er Hausarrest bekam, wenn er sein Zimmer nicht aufgeräumt hatte. Es war ein lähmendes Gefühl der Hilflosigkeit. Er hat sich bewusst dafür entschieden, dieses Gefühl nicht an seine Tochter weiterzugeben.

2. Ebene der Konfliktpyramide: Gefühle erkennen und sortieren

Tim geht in einen konstruktiven Dialog mit Jasmina, um wieder in einen guten Kontakt mit ihr zu kommen, der die Grundlage für eine gute Lösung ist. Dabei ist es wichtig, dass Tim auf vorwurfsvolle Sätze verzichtet und zuerst in den Perspektivwechsel geht, bevor es um Lösungen geht.

- „Jasmina, darf ich mich einmal zu dir setzen? Ich möchte mich nicht wegen des Aufräumens mit dir streiten, ich bin sicher, dass wir das auch anders bekommen. Magst du mir einmal sagen, was du so blöd am Aufräumen findest?"
- „Das kann ich gut verstehen, ich kenne das Gefühl, etwas aufschieben zu wollen. Zum Beispiel, wenn ich meine Steuererklärung machen muss."
- „Als ich noch ein Kind war, hatte ich Hausarrest, wenn ich nicht aufgeräumt habe. Das möchte ich nicht für dich."
- „Ich bin da und unterstütze dich gerne."
- „Wenn dein Zimmer aufgeräumt ist und du an deinem Schreibtisch basteln kannst, das ist doch schön."

Sätze, die nicht hilfreich sind:

- „Nie räumst du auf."
- „Immer muss es Streit geben."
- „Wenn du jetzt nicht aufräumst, dann darfst du nachher nicht an das Tablet."
- „Hab' ich doch gleich gesagt, dass du dich nicht an die Absprache hältst und wie abgesprochen dein Zimmer aufräumst."
- „Dein Bruder ist zwei Jahre jünger und bekommt es besser hin als du."

So kommt Tim wieder mit Jasmina in einen warmen Kontakt. Er hilft seiner Tochter, ihre Gefühle der Überforderung und Hilflosigkeit zu sortieren. Tim geht in den Perspektivwechsel und gibt seiner Tochter mit seinem Verständnis Sicherheit. Gleichzeitig positioniert er sich auch klar und liebevoll, er möchte, dass sie ihr Zimmer aufräumt und gerne unterstützt er sie dabei. Und dann sind beide bereit für den 3. Schritt der Konfliktlösungspyramide und sie können gemeinsam Strategien entwickeln, um das Zimmer von Jasmin aufzuräumen.

3. Ebene der Konfliktpyramide: Lösung finden

Bei den Lösungsstrategien ist es wichtig, dass Tim nicht den einzig richtigen Lösungsplan präsentiert und vorgibt. Jasmina ist in der Wackelzahnpubertät und möchte Verantwortung übernehmen und mitgestalten. Eine Lösungsstrategie, die sie selbst mit entwickelt hat, wird sie wahrscheinlicher umsetzen.

Tim: „Was würde dir den helfen beim Zimmeraufräumen?“
Jasmina: „Keine Ahnung, ich finde Aufräumen blöd, ich will nicht.“
Tim: „Ja, aufräumen ist nervig, doch am aufgeräumten Schreibtisch zu basteln, magst du, oder?“
Jasmina: „Das stimmt.“
Tim: „Ich würde vorschlagen, du räumst jeden Abend auf, dann hast du jeden Morgen ein aufgeräumtes Zimmer.“
Jasmina: „Nein, niemals jeden Tag.“
Tim: „Okay, was schlägst du vor?“
Jasmina: „Dann, wenn es zu unordentlich ist.“
Tim: „Das hat in der Vergangenheit nicht so gut funktioniert. Was hältst du davon, wenn du zweimal in der Woche aufräumst?“
Jasmina: „Okay, ich möchte dann dabei ein Hörbuch hören.“
Tim: „Gute Idee! Dann machen wir Samstag und Mittwoch fest, nach dem Abendessen räumen wir da dein Zimmer mit einem Hörbuch auf.“
Jasmina: „Okay.“
Tim: „Ich freue mich, dass wir eine Lösung gefunden haben.“

Wenn sie zusammen aufräumen, sollte Tim zugewandt und klar im Kontakt bleiben, ohne Jasmina Vorwürfe zu machen.

Beim Aufräumen ist generell zu beachten, dass es auch ältere Kinder leicht überfordert, da es recht komplex ist, aus einem Chaos Ordnung zu schaffen. Eine hilfreiche Struktur für Kinder ist, dass jedes Teil seinen Platz hat. Alle Stifte kommen in den Behälter, das Papier in die Schublade und die Kuscheltiere in die Kiste unter dem Bett. Als Erwachsene*r kann man dann eine Struktur schaffen, in der alles seinen Platz hat. Ein Thema nach dem anderen vorgeben: „Jetzt bitte alle Stifte in den entsprechenden Behälter legen. Wenn alle fertig sind, kümmern wir uns um die Kuscheltiere“ usw.

Dabei ist es auch hilfreich, Teilerfolge zu feiern und sich darüber zu freuen. „Wie toll, jetzt haben wir schon alle Kuscheltiere geschafft!“ Die unüberwindbar scheinende Aufgabe wird so kleiner: „Alle Kuscheltiere in die Kiste, das schaffe ich!“

Impulse für „Team Flügel“
Wenn dein Kind sein Zimmer nicht aufräumt, nicht aus Faulheit oder um dich zu provozieren, sondern aus Überforderung, dann unterstütze es, aber gib ihm nicht den Lösungsplan vor. Ermutige dein Kind, eigene Lösungswege zu entwickeln, auch wenn sie anders sind als die, die du wählen würdest.

Wichtig ist auch, dass dein Kind Fehler machen darf, also Lösungswege ausprobieren, die nicht funktionieren. Begleite auch dies ohne Vorwürfe. So lernt dein Kind, dass Fehler Wege zum Ziel sind. Aus der Lernforschung wissen wir, dass das Wachstumsdenken entscheidend für das Lernen und die Entwicklung von Kindern ist. Dazu gehören die Gedanken: „Fehler sind Helfer, durch Fehler lerne ich. Nur wenn ich Fehler mache, komme ich in ein Ausprobieren, das mich weiterbringt.“

Impulse für „Team Wurzeln“
Du darfst und kannst es aushalten, wenn dein Kind es blöd findet, sein Zimmer aufzuräumen. Du kannst deine Aufforderung „Ich möchte, dass du jetzt dein Zimmer aufräumst“ wiederholen, ohne zu drohen.

Du musst dich nicht entscheiden, ob du zugewandt bist oder ob du dich dafür einsetzt, dass dein Kind sein Zimmer aufräumt; beides geht, probiere es aus. Und gleichzeitig ist es wichtig, dass du auch etwas loslässt. Dein Kind ist jetzt ein Grundschulkind und übernimmt zunehmend Verantwortung für immer mehr Bereiche. Wenn es sich in seinem Zimmer in einem anderen Zustand wohlfühlt, als du dich wohlfühlen würdest, musst du das bis zu einem gewissen Grad akzeptieren.

Konflikte neunjähriges Kind: „Ich will keine Hausaufgaben machen!"

Ausgangssituation

Finja kommt von der Schule, sie ist schlecht gelaunt, ihre Mutter Stefanie hatte einen anstrengenden Tag, beide kommen am frühen Nachmittag nach Hause.

Stefanie möchte, dass Finja gleich mit den Hausaufgaben beginnt, doch Finja will nicht, ignoriert ihre Mutter und spielt weiter in ihrem Zimmer. Stefanie hat jetzt schon mindestens siebenmal aus der Küche gerufen, dass sie endlich anfangen soll, aber keine Reaktion. Stefanie ist sehr genervt, der Tag war heute schon sehr anstrengend und jetzt noch so ein Theater mit den Hausaufgaben.

1. Ebene der Konfliktpyramide: Sicherheit

Stefanie hält einen Moment inne, sie richtet einmal ihre Aufmerksamkeit von Finja auf sich selbst. Sie nutzt den Bodycheck, fühlt einmal in sich rein und schaut, ob sie gerade überhaupt die Kapazität hat, um ihre Tochter bei den Hausaufgaben zu unterstützen. Erst jetzt spürt sie, dass sie selbst auch ziemlich erschöpft ist. Sie hört auf, nach Finja zu rufen, und nimmt sich ein Glas Wasser, das sie erst mal in Ruhe trinkt.

Dann geht sie zu Finja ins Zimmer. Statt durch die Wohnung zu rufen, teilt sie ihr mit, dass sie selbst gerade erschöpft ist und 30 Minuten für sich braucht und sie danach gemeinsam Hausaufgaben machen. Finja ignoriert sie weiter. Stefanie, vertraut darauf, dass Finja alles Wichtige gehört hat, geht in die Küche und macht sich einen Kaffee, den sie dann in Ruhe trinkt, während sie Musik hört, die sie gerne mag.

2. Ebene der Konfliktpyramide: Gefühle erkennen und sortieren
Während Stefanie bei Kaffee und Musik sitzt, sortiert sie, dass sie sich eigentlich immer noch über ihre Kollegin ärgert, von der sie am Morgen bevormundet wurde. Das ermöglicht ihr, dies nicht mit dem Konflikt um die Hausaufgaben zu vermischen.

Nach gut 30 Minuten atmet Stefanie tief durch, geht sortiert zu Finja und setzt sich neben sie. Mit einer Frage zu Finjas Spiel steigt Stefanie in den Kontakt mit ihrer Tochter ein. Nachdem sie einige Minuten im Kontakt sind, fragt Stefanie, wie es in der Schule war, und in dieser Situation erzählt Finja von einem Streit mit ihrer Freundin. Stefanie hört zu und fragt interessiert nach.

Nachdem sie Finja hat erzählen lassen, erzählt sie selbst von der Situation heute mit der Kollegin.

Dieser verbindende Moment dauert vielleicht fünf bis zehn Minuten und verändert die Stimmung deutlich. Aus einer Kampfstimmung wird Verbundenheit und beide merken, dass die Anspannung von vorher nichts mit der anderen zu tun hatte, sondern dass jede von ihnen eine unangenehme Situation von heute Morgen mit in die Hausaufgabensituation gebracht hat.

3. Ebene der Konfliktpyramide: Lösung finden
Nachdem die Gefühle sortiert sind, fangen sie mit den Hausaufgaben an. Finja holt ihre Schulsachen und setzt sich an den Esstisch, da arbeitet sie gerne; Stefanie sitzt mit am Tisch und liest für sich ein Buch. Beide wissen bereits, dass Finja so gut arbeiten kann. Stefanie ist in der Nähe und doch nicht zu nah.

Nach einiger Zeit kommt Finja nicht mehr weiter, wirft wütend den Stift durch den Raum und weigert sich, weiterzuarbeiten. Das ist eine Situation, in der Stefanie leicht empört ist: „Wenn sie immer so schnell aufgibt, wird sie nie etwas lernen!" Doch bevor sie etwas sagt, hält sie einmal inne. Da sie vorher ihre Pause hatte, gelingt ihr das ganz gut. Sie geht wieder eine Ebene zurück und sortiert mit Finja erst einmal wieder ihre Gefühle.

Stefanie: „Kommst du jetzt nicht weiter?"
Finja: „Frag nicht so blöd, du nervst!"
Stefanie ist zuerst wütend: Sie gibt sich hier so viel Mühe und wird dafür so angepampt? Nach einem kurzen Moment kann sie erkennen, dass Finjas Wortwahl nichts mit Stefanie zu tun hat, sondern dem Frust über die Hausaufgaben geschuldet ist. Damit kann sie die Themen „Wertschätzung" und „Umgangston" loslassen und begleitet Finja weiter.
Stefanie: „Hör auf zu schimpfen, das hilft uns jetzt nicht weiter. Ich will dir bei den Hausaufgaben helfen, und ich will nicht mit dir darüber streiten. Hier hast du deinen Stift, zeig mir mal die Stelle, die so kompliziert ist."
Finja: „Nein!"
Stefanie: „Willst du dann lieber mit Mathe weitermachen und dann gehen wir mit neuem Mut an die Deutschaufgaben?"
Finja: „Okay."

Stefanie hilft Finja, die Matheaufgaben zu holen, sie sieht, dass Finja gerade kurz frustriert und erschöpft ist, und unterstützt sie behutsam. Nachdem Finja die erste Matheaufgabe gut gelöst hat, bietet Tanja Finja eine Pause an, in der sie durch das Haus laufen kann. Bewegung lockert die Situation auf. Nach dieser Pause ist Finja bereit und geht mit neuem Mut wieder an die schwierige Aufgabe und mit leichter Unterstützung schafft sie es beim zweiten Versuch.

Stefanie: „Ich bin sehr froh, dass du es noch einmal versucht hast. Schau, es hat sich gelohnt, jetzt hast du es verstanden."

Impulse für „Team Flügel“
Ich bin da, wenn du mich brauchst, du darfst es selbst machen, aber du musst es nicht allein schaffen – das ist eine Haltung, die dein Kind von dir braucht.

Schau genau hin und erkenne, wenn dein Kind überfordert ist. Zwei Stunden täglich Hausaufgaben sind in dem Alter dauerhaft zu viel. Sprich mit der Lehrkraft und findet alternative Möglichkeiten, setze dich hier für die Grenzen deines Kindes ein.

Dein Kind kommt bei den Hausaufgaben nicht selbst auf die Lösung? Dann darfst du gerne die richtigen Fragen stellen, die ihm den Weg zur Lösung erleichtern. Wichtig ist, dass du deinem Kind vermittelst: „Du bist mehr als die 4 im Mathetest und ich bin an deiner Seite.“ Gleichzeitig ist es wichtig, dass du als Elternteil nicht zur Hilfslehrkraft wirst und alles tun willst, damit dein Kind die Erwartungen der Schule erfüllt. Kinder sind unterschiedlich. Manchen fällt alles rund um die Schule leichter, anderen schwerer. Aber die Botschaft, die dein Kind von dir braucht, ist: „Du bist in Ordnung, so wie du bist, und ich bin für dich da und unterstütze dich, wenn du mich brauchst.

Impulse für „Team Wurzeln“
Gerade wenn es Konflikte um die Hausaufgaben gibt, ist es wichtig, dass sich die Eltern auch zurücknehmen können. Wenn Eltern sich zu sehr für die Hausaufgaben ihrer Kinder verantwortlich fühlen, nehmen sie den Kindern den Raum, selbst Verantwortung für ihre Hausaufgaben zu übernehmen.

Sei Coach und nicht Chauffeur*in deines Kindes.

Manchmal dauert es länger, wenn wir die Probleme unserer Kinder nicht sofort lösen, doch der Einsatz lohnt sich. Denn das langfristige Ziel ist, dass dein Kind die Schule allein rockt. Doch das ist ein Weg und auf diesem Weg kannst du dein Kind unterstützen. Dein

Kind darf lernen, Verantwortung zu übernehmen, und du darfst lernen, loszulassen. Das geht nicht von heute auf morgen und das ist in Ordnung. Nur die Richtung muss stimmen.

Konflikte Kind in der Pubertät: „Mach das Handy aus!"

Ausgangssituation

Tim ist 14 Jahre alt und verbringt viel Zeit mit seinem Handy. Aktuell kommt er nicht mehr zu den gemeinsamen Mahlzeiten, und ob er seine Hausaufgaben regelmäßig macht, können seine Eltern nicht einschätzen. Seine Eltern Katharina und Michael machen sich Sorgen und wollen nun einführen, dass sie ihm sein Handy sperren, wenn er nicht zum Essen kommt und seine Hausaufgaben nicht zeigt. Sie kündigen das an und am nächsten Tag kommt es so weit: Tim weigert sich zu essen und die Eltern sperren sein Handy. Er wird unglaublich wütend, beschimpft seine Eltern, wird laut und schließt sich dann in seinem Zimmer ein und sagt, er kommt erst wieder raus, wenn das Handy wieder frei ist. Alle Beteiligten fühlen sich hilflos.

1. Ebene der Konfliktpyramide: Sicherheit

Die Eltern von Tim erinnern sich sehr bewusst daran, dass jedes Verhalten seinen Grund hat, auch das von Tim. Das fällt ihnen nicht leicht. Die inneren Bilder und auch die Sorgen kosten sie viel Kraft. Aber sie merken, dass diese Verbote nicht zu mehr Verbindung führen, die sie sich eigentlich wünschen, sondern zu mehr Trennung. Sie wollen aus der Spirale des Machtkampfes aussteigen. Denn was wäre jetzt die Steigerung? Das Taschengeld streichen? Die Eltern sind sich einig, sie wollen nicht weiter in den Machtkampf.

Sie schalten das Handy wieder ein und kaufen Kinokarten für heute Abend, für einen Film, in den Tim schon lange gehen möchte. Sie signalisieren Tim deutlich: „Wir wollen aus dem Streit raus und gemeinsam eine Lösung finden. Lass uns zusammen ins Kino gehen und morgen können wir uns zusammensetzen und gemeinsam Lösungen finden.“

2. Ebene der Konfliktpyramide: Gefühle erkennen und sortieren
Nach einem schönen Abend, an dem sie nicht über die Konfliktthemen gesprochen, sondern gemeinsam gelacht haben, sitzen sie am nächsten Morgen zusammen und die Eltern wollen erst einmal verstehen, warum Tim keine Lust mehr auf die gemeinsamen Mahlzeiten hat. Sie hören viel zu, fragen interessiert nach und halten sich mit Kommentaren und Bewertungen zurück.

Tim erzählt, dass er keine Lust mehr auf die gemeinsamen Mahlzeiten hat, weil die Eltern ständig über die Schule reden. Außerdem hat er nachmittags gleich nach der Schule Hunger und isst dann etwas und hat dann beim gemeinsamen Abendessen keinen Hunger, sondern erst wieder später.

Die Eltern fragen auch, was ihn gerade am Handy begeistert, und Tim erzählt von einem Freund in Südafrika, mit dem er gerade viel chattet und Minecraft spielt und von Influencern auf YouTube, die ihn gerade begeistern. Gerade ein Influencer, bei dem es viel um Umweltschutz und Nachhaltigkeit geht, bringt ihn zum Nachdenken, und Tim überlegt, ob er sich nicht vegan ernähren möchte, um seinen ökologischen Fußabdruck zu reduzieren.

Das Gespräch ist für die Eltern sehr spannend, so viel haben sie schon lange nicht mehr von Tim erfahren. Sie bedanken sich für das Vertrauen und sagen, wie schön sie diese Momente des Austausches finden und dass sie sich mehr davon wünschen.

3. Ebene der Konfliktpyramide: Lösung finden
Nach dem gemeinsamen Austausch und den angenehmen gemeinsamen Momenten formulieren die Eltern, dass es ihnen wichtig ist, auch jetzt Zeit mit ihm zu verbringen, weil Tim ihnen wichtig ist und

sie gleichzeitig verstehen, dass er seinen Tag mehr selbst bestimmen und nicht so oft nach der Schule gefragt werden möchte. Aber sie wollen trotzdem am Ball bleiben und ab und zu erfahren, wie es ihm in der Schule geht. Ansonsten geben sie Verantwortung ab: Tim kann jederzeit kommen und sich Unterstützung holen, aber die Eltern fragen nicht mehr täglich nach. Sie können vereinbaren, dass sie sich jeden zweiten Tag verabreden, entweder, um gemeinsam YouTube zu schauen oder um Tischtennis zu spielen, einmal im Monat reden sie mindestens 15 Minuten über die Schule und ansonsten fragen die Eltern nicht nach.

Das sind Lösungsstrategien, die sie gemeinsam aushandeln. Der Abschied vom gemeinsamen Abendessen fällt den Eltern nicht leicht, aber der Kampf lohnt sich nicht. Sie konzentrieren sich lieber auf das, was ihnen wichtig ist, nämlich in Kontakt zu bleiben.

Impulse für „Team Flügel"
Auch wenn unsere Kinder älter und selbstständiger werden, ist es gut, wenn wir ihnen die Möglichkeit geben, in Kontakt zu bleiben, ohne sie zu belehren oder zu erziehen.

Es ist nicht immer einfach, 14 Jahre oder älter zu sein, und die Kinder stehen immer wieder vor Herausforderungen. Wenn wir ihnen die Möglichkeit bieten, in Kontakt zu bleiben, ohne sie zu belehren, dann ist das für unsere Kinder auch eine Möglichkeit, uns Dinge anzuvertrauen, die sie beschäftigen oder belasten.

Außerdem ist es spannend zu sehen, wie toll sich unsere Kinder entwickeln. Gleichzeitig ist es wichtig, den Kindern auch Fehler zuzugestehen, damit sie auch Verantwortung übernehmen können.

Impulse für „Team Wurzeln"
Wenn unsere Kinder in die Pubertät kommen, endet die Zeit, in der wir sie aktiv erziehen können, und die (emotionalen) Belohnungs- und

Bestrafungsmechanismen, die vorher aufgrund des großen Machtgefälles noch greifen konnten, verlieren zunehmend an Wirkung.

Wir Eltern können ein Stück mehr loslassen von der Hoffnung, dass unser Kind unsere Erwartungen erfüllt und ihnen entspricht. Das bietet neue Räume für eine neue Qualität der Beziehung zu unseren Kindern, die jetzt langsam selbst erwachsen werden. Du als Elternteil darfst und sollst dich weiterhin mit deinen Werten zeigen, doch deinem Kind auch emotional die Möglichkeit geben, sich auszuprobieren. Sorge selbst und aktiv dafür, dass es dir gut geht, und nutze die neuen Freiheiten für dich und Dinge, die dich erfüllen.

Löse dich. Das Geheimnis zufriedener Familien und guter Konfliktlösung liegt darin, dass sie sich von Zeit zu Zeit von überhöhten Bildern eines perfekten Familienlebens lösen. Stattdessen gilt es, die individuellen Bedürfnisse aller Familienmitglieder zu erkennen und dafür Strategien zu finden und diese auch mal unkonventionell zu lösen.

Konflikte unter Geschwistern: „Müsst ihr euch wieder streiten?"

Geschwisterkonflikte sind noch einmal eine ganz andere Herausforderung, darüber gibt es ganze Bücher. Auch für mich war das jahrelang so, und ich kann mich selbst noch erinnern, wie sehr meine Mutter gefordert war, wenn ich mich mit meinem Bruder gestritten habe.

Geschwisterkonflikte sind ein wichtiges Lernfeld für unsere Kinder. Keine Beziehung hält so lange wie die zu unseren Geschwistern und in keiner anderen Beziehung können Konflikte so geübt werden wie in Geschwisterbeziehungen. Gleichzeitig ist es wichtig, dass Eltern genau hinschauen und die Beziehung zu jedem ihrer Kinder pflegen und gestalten. Jedes Kind ist individuell und zeigt seine Bedürfnisse und Anliegen anders. Unsere Aufgabe als Eltern ist es, jedes Kind als Individuum zu sehen.

Fühlt sich ein Kind in der Beziehung zu seinen Eltern nicht gesehen, kann sich das in Konflikten mit den Geschwistern niederschlagen. Daher mein Impuls: Wenn sich die Kinder immer wieder heftig streiten, schau dir die Beziehung zu jedem einzelnen Kind an.

Bei Geschwisterkonflikten ist es nicht unsere Aufgabe, Richter*in oder Polizist*in zu sein und zu urteilen oder Strafen zu verteilen, sondern sie brauchen uns als Übersetzer*innen und sichere Basis. Ein „Braucht ihr Unterstützung“ statt „Müsst ihr euch wieder streiten, wer hat diesmal angefangen“ macht den wichtigen Unterschied, ob wir die Konfliktdynamik zwischen unseren Kindern weiter anheizen oder ob wir sie darin unterstützen, Konfliktkompetenz zu erwerben und die Beziehung zu ihren Geschwistern zu stärken.

Ausgangssituation

Emma und Jonne spielen zusammen im Garten, ihr Vater Timo mäht den Rasen und hört plötzlich lautes Geschrei und sieht gerade noch, wie Emma ihren Bruder schubst und Jonne hinfällt. Beide Kinder weinen und schreien.

1. Ebene der Konfliktpyramide: Sicherheit

Den wichtigsten Schritt muss Timo zuerst tun: sich daran erinnern, dass seine Kinder jetzt seine Unterstützung brauchen und keine Beschämung. Die Kinder lernen eine gute Konfliktlösung, indem ihnen eine gute Konfliktlösung vorgelebt wird.

- So kommt Timo in Kontakt mit den Kindern mit „Hey, hey, stopp, das sieht so aus, als ob ihr jetzt Unterstützung braucht.“
- Den Satz, den er vorher schon auf den Lippen hatte: „Hört sofort auf zu streiten, immer müsst ihr euch in die Haare kriegen und wehe Emma du schubst noch einmal“ spricht er lieber nicht aus.

Mit diesem Satz vermittelt Timo auch gleich Sicherheit, es geht nicht darum, den Schuldigen oder die Schuldige zu finden, sondern um Lösungen.

2. Ebene der Konfliktpyramide: Gefühle erkennen und sortieren
Timo nimmt sich der Situation an und sortiert gemeinsam mit den Kindern zunächst die Gefühle und das Problem, wobei es nicht darum geht, zu urteilen oder zu bestrafen, sondern die Wahrnehmung jedes einzelnen Kindes zählt:

Zunächst tröstet Timo die beiden Kinder. Emma, die ganz empört ist, und Jonne, der sich wehgetan hat, als Emma ihn geschubst hat. Auch hier ist es wichtig, dass Timo nicht in den Kategorien Opfer und Täter denkt, sondern sieht, dass sich beide Kinder in einer (emotionalen) Notsituation befinden. Nachdem sich die großen Emotionen etwas gelegt haben, fragt er, was passiert ist.

Emma erzählt, dass Jonne sie nicht auf das Trampolin gelassen hat, obwohl sie dran gewesen wäre, sie haben sich abgewechselt, jeder fünf Minuten. Jonne fällt Emma ins Wort und widerspricht ihr, sie wäre vorher auch länger gesprungen, deshalb wollte er auch länger.

Auch Emma widerspricht sofort, das stimme nicht. „Stopp, Jonne, jetzt erzählt Emma, danach höre ich dir in Ruhe zu!" Mit Klarheit und Verständnis sorgt Timo dafür, dass jedes Kind seine Version der Geschichte erzählen darf und Version des anderen nicht infrage gestellt wird.

3. Ebene der Konfliktpyramide: Lösung finden
Während die Kinder erzählten, sortierte Timo mit ihnen ihre Gefühle. „Da warst du wütend?", „Fandest du das ungerecht?", „Was hat dich daran geärgert?" Die Kinder haben sich beruhigt, auch dadurch, dass Timo selbst ruhig geblieben ist und Sicherheit ausgestrahlt hat. Dann stellt Timo eine offene Frage, ohne eine Lösung vorzugeben: „Habt ihr eine Idee, wie wir das machen können, dass es für beide gut ist?"

Und tatsächlich kommen Emma und Jonne in einen Austausch und entwickeln die Idee, dass sie eine Stoppuhr aus dem Haus holen, die genau zur richtigen Zeit klingelt und dass das dann für beide Kinder verbindlich ist.

Trost ist wichtig für unsere Kinder und wird gleichzeitig oft missverstanden. Trost bedeutet nicht, dass wir die traurigen oder wütenden Gefühle unseres Kindes wegnehmen müssen. Sondern Trost bedeutet, dass wir unserem Kind zur Seite stehen, dass es mit diesen schweren Gefühlen nicht allein ist und dass wir ihm auch bei heftigen Gefühlen die Gewissheit geben: „Du bist sicher und die Gefühle gehen auch wieder vorbei." Trösten heißt gemeinsam aushalten, warm und nah sein, und darauf vertrauen, dass es wieder leichter wird.

Impulse für „Team Wurzeln"

Es ist in Ordnung, wenn deine Kinder sich streiten, das gehört zu einer Geschwisterbeziehung dazu. Du kannst dich sogar von der Erwartung lösen, dass deine Kinder ein gutes Team sein müssen. Geschwister sind zufällig zusammengewürfelte Menschen mit oft sehr unterschiedlichen Charakteren. Die elterliche Erwartung, dass Geschwister gut miteinander auskommen, ist oft eine Belastung für die Kinder. Es ist möglich, dass sie sich gut verstehen und innig lieben, aber das passiert nicht automatisch, nur weil sie Geschwister sind.

Es mag dir schwerfallen, das zu akzeptieren, aber es wird der Beziehung zwischen deinen Kindern guttun, wenn sie frei von Erwartungen ist.

Und du musst nicht die Konflikte der Kinder klären und lösen. Unterstütze sie dabei, es selbst zu tun. Du darfst dich dabei auch positionieren: „Ich will, dass ihr eine Lösung findet, ohne euch wehzutun, stopp!" Du darfst dich auch unbeliebt machen und Grenzen unterstützen. „Stopp, ich möchte nicht, dass du zu Emma ins Zimmer gehst, das ist ihr wichtig."

Gewahrte Grenzen in einer Geschwisterbeziehung führen in der Regel zu mehr emotionaler Sicherheit unter den Kindern. Wenn Kinder wissen, dass ihre Grenzen, auch gegenüber dem Geschwisterkind, ernst genommen und gewahrt werden, entsteht meist mehr Bindung und Nähe zwischen den Kindern. Wenn sie wissen: „Meine Grenzen, meine Individualität und meine Anliegen werden respektiert und ernst genommen, dann muss ich nicht ständig selbst darum kämpfen."

Impulse für „Team Flügel"
Wenn sich die eigenen Kinder streiten und man nicht zu ihnen durchdringen kann, fühlen sich Eltern oft hilflos und reagieren mit Konsequenzen und Strafen: „Hört sofort auf zu streiten, sonst gehen wir nach Hause!"

Es lohnt sich aber, diesen Impuls der Hilflosigkeit – ich muss jetzt sofort etwas ändern, damit der Streit aufhört, okay, dann missbrauche ich meine Macht und unterbreche den Konflikt sofort – zu durchbrechen. Eltern müssen den Konflikt nicht lösen und gleichzeitig ihre Kinder damit nicht alleinlassen. Es geht darum, die Kinder zu unterstützen, den Konflikt selbst zu lösen. Und ja, manchmal ist es ärgerlich und anstrengend, gerade wenn man etwas geplant hat und dann kommt so ein Geschwisterstreit dazwischen.

Vielleicht kennst du das: Du willst mit deinem Kind einen schönen Tag verbringen, ihr wollt ins Schwimmbad, das ist der Wunsch der Kinder, aber dann streiten sie sich allein auf der Hinfahrt fünfmal.

Vielleicht hilft dir hier der Gedanke, dass es nicht darum geht, dass eure gemeinsame Zeit von ständiger Harmonie geprägt ist, sondern dass du dich darauf einlassen kannst, dass es wertvoll und hilfreich ist, an eurem gemeinsamen Nachmittag auch Energie und Zeit für einen zugewandten und konstruktiven Umgang mit Konflikten zu haben. Ganz ehrlich: Deine Kinder werden langfristig mehr davon haben.

Konflikte mit anderen Bezugspersonen: „Du musst das so machen, wie ich das immer löse."

Dein Kind hat nicht nur Konflikte mit dir, sondern auch mit anderen Bezugspersonen wie dem anderen Elternteil oder vielleicht den Großeltern oder anderen Verwandten. Das ist auch gut so, denn Konflikte gehören zu einer vertrauensvollen Beziehung dazu.

Konflikte sind wie Beziehungen sehr individuell, und wahrscheinlich werden andere Bezugspersonen Konflikte mit deinem Kind anders lösen als du – und das ist nicht immer leicht auszuhalten.

Doch hier der wichtige Reminder an dich: Genauso, wie es wichtig ist, dass du und dein Kind Konflikte gemeinsam rockt, so wichtig ist es auch, dass dein Kind mit anderen Bezugspersonen Konflikte wertvoll löst.

Ausgangssituation
Vera will mit ihrem dreijährigen Sohn Sam auf den Spielplatz gehen, doch Sam weigert sich, seine Jacke anzuziehen. Vera wird ungeduldig, immer lauter und droht Sam, dass es nachher kein Eis zum Nachtisch gibt, wenn er nicht sofort seine Jacke anzieht. Tom, der Vater, der gerade die Spülmaschine ausräumt, bekommt den Konflikt mit. Er findet es nicht gut, dass Vera laut wird und droht, ihm ist es wichtig, dass Sam ohne Strafen ins Leben begleitet wird.

Er selbst spielt mit Sam meist ein Anziehspiel und vermeidet so den Konflikt in dieser Situation.

1. Ebene der Konfliktpyramide: Sicherheit
Entgegen seinem ersten Impuls, sofort in die Situation zu springen und Vera Vorwürfe zu machen, nimmt sich Tom einen Moment Zeit.

Das würde keine Sicherheit bringen und nicht zu einer fruchtbaren Lösung des Konflikts führen.

Tim beobachtet einen Moment und entscheidet bewusst, ob er in der Situation hilfreich sein kann. Er beschließt, in die Situation hineinzugehen und offen zu fragen, ob jemand Hilfe braucht. Indem Tim ruhig in die aufgeheizte Situation geht und seine Hilfe anbietet, ohne Vorwürfe zu machen und mit der Grundannahme, dass der Konflikt gut gelöst werden kann, bringt er Sicherheit in die Situation.

Kinder können es auch genießen, ihre Eltern im Konflikt zu erleben, wenn der Inhalt des Konflikts nicht das Kind selbst ist. Wenn also Tim und Vera darüber streiten, ob es heute Abend Pommes oder Pizza gibt, kann das für Sam eine lehrreiche Situation sein. Wenn jedoch das Kind Gegenstand des Konflikts ist, ist das für das Kind eine unangenehme Situation. Es gerät in einen Loyalitätskonflikt und übernimmt innerlich schnell die Idee, dass es selbst daran schuld ist, dass die Eltern sich streiten.

2. Ebene der Konfliktpyramide: erkennen und sortieren

Wichtig ist, dass Tim an dieser Stelle weder dem Kind noch der erwachsenen Person Vorwürfe macht. Aus Vorwürfen entwickeln sich meist keine guten Lösungsstrategien, der Kampf nimmt dann eher noch zu.

Mit Sätzen wie: „Ich sehe, dass es dir wichtig ist, dass Sam die Jacke anzieht", „Ich sehe, dass du dich jetzt nicht anziehen willst", „Stopp, ich glaube, so kommt ihr nicht weiter, ihr seid beide sehr wütend" kannst du beide Personen besser erreichen.

Du kannst auch Hypothesen aussprechen oder Übersetzerin*in sein: „Ich glaube, Sam will selbst entscheiden, welche Jacke er anziehen will", „Mama will jetzt mit dir auf den Spielplatz gehen, da kannst du schaukeln", „Kann es sein, dass der Tag für dich sehr anstrengend war?"

Der Vorteil ist, dass Tim als Unbeteiligter in die Situation kommt und klar und einfühlsam Kontakt aufnimmt, dass er Mutter und Kind gut regulieren kann und sozusagen etwas von seiner Gelassenheit an beide weitergeben kann.

3. Ebene der Konfliktpyramide: Lösung finden
In seiner Gelassenheit kann Tim dann Vera von seiner Erfahrung berichten, dass die Anziehsituation im Moment spielerisch viel leichter ist. Er erzählt, dass sie gerade meistens das Feuerwehrspiel spielen und alle ihre Feuerwehrausrüstung anziehen.

Wenn es eher eine einmalige Situation war, dann kann es das an dieser Stelle gewesen sein. Wenn ähnliche Situationen öfter vorkommen, kann Tim außerhalb der Situation in einer ruhigen Minute ein offenes Gespräch suchen, das so aussehen könnte:

Tim: „Vera, heute Morgen beim Jackeanziehen, das war ganz schön laut, was war da so anstrengend für dich?“
Vera: „Tja, Tim hat sich wieder unmöglich benommen, da müssen wir wirklich strenger sein, sonst tanzt er uns noch auf der Nase herum.“
Tim: „Ums Auf-der-Nase-Rumtanzen geht es da nicht. Ich sehe es so, dass für Tim der Übergang schwer war, mit dem Spiel ging es dann ja recht schnell.“
Vera: „Ich kann nicht immer spielen.“
Tim: „Warum nicht? Das geht schneller als drohen. Ich kann das total verstehen, dass man manchmal, wenn man angespannt ist, Sachen sagt, die nicht hilfreich sind, das geht mir auch so. Nur mir ist wichtig, dass unser grundsätzliches Ziel ist, solche Situationen ohne Drohungen zu lösen.“

Hier positioniert sich Tim klar, zeigt Verständnis und sich auch als verletzlich, das sind gute Voraussetzungen für eine gute Zusammenarbeit zwischen den Bezugspersonen.

Impulse für „Team Flügel“

Manchmal kann es hilfreich sein, nach solchen Situationen mit dem Kind achtsam zu sprechen und unvoreingenommen nachzuempfinden, wie es deinem Kind in der Situation ergangen ist. Kinder empfinden Konflikte mit anderen Bezugspersonen oft anders, als du sie wahrnimmst. Du fandest das Drohen und Lautwerden blöd, doch wie hat sich dein Kind dabei gefühlt?

Oder wenn wir noch einmal auf andere Situationen schauen. Die Uroma, die immer wieder feuchte Küsse ins Gesicht verteilt, vielleicht ist das für dich etwas, was okay ist, du bist damit aufgewachsen. Doch dein Kind will das nicht. Dann nimm die Wahrnehmung deines Kindes ernst, sie zählt und nicht deine. Genauso kann es umgekehrt sein: Du möchtest nicht, dass die Oma dein Kind küsst, aber dein Kind mag es; auch hier zählt die Wahrnehmung deines Kindes.

Impulse für „Team Wurzeln“

Konflikte und auch Fehler gehören zu jeder Beziehung. Jeder Elternteil, jede Bezugsperson hat das Recht, Fehler zu machen. Auch du wirst deine Fehler gemacht haben und noch machen und das ist in Ordnung, das gehört zu einer warmen und nahen Beziehung dazu.

In meinem Fallbeispiel hat sich Tim nun entschieden, in die Situation zu gehen. Eine andere Möglichkeit wäre gewesen, dass Tim sich selbst reguliert und Vera und Tim den Konflikt jetzt zugesteht. Konflikte gehören zu jeder Beziehung und wenn Tim jedes Mal unterstützt, haben Vera und Sam keine Möglichkeit, ihren eigenen Weg zu finden, mit Konflikten umzugehen.

Vielleicht fragst du dich jetzt, wann es wichtig ist, unterstützend einzugreifen und wann es besser ist, sich rauszuhalten. Um das entscheiden zu können, ist es zunächst wichtig, dass du dir einen Moment Zeit nimmst, um aus dem Stress in einen Zustand zu kommen, in dem du gute Entscheidungen treffen kannst. Und dann orientiere dich am

Kind: Wie geht es ihm eigentlich in der Situation? Wie fühlt sich dein Kind gerade? Ich weiß aus meinen Beratungen, dass oft die Eltern ihre eigenen Werte und Bilder im Kopf haben und gar nicht auf das Kind schauen. Vielleicht findet es sogar eigene Möglichkeiten, mit dem Konflikt umzugehen. Ich habe auch schon von meinen Kindern gehört: „Mama, lass mich auch mal mit Papa streiten, hör auf, dich immer einzumischen."

Es gibt allerdings auch Situationen, in denen das Kind Schutz braucht und (emotionale) Gewalt im Spiel ist. Dann ist es wichtig, deeskalierend einzugreifen und nicht mit Vorwürfen zu reagieren.

- „Du bist verrückt, das darfst du dem Kind nicht antun."
- „Ich habe dir schon fünfmal gesagt, dass du das Kind nicht anschreien sollst."
- „Warum musst du immer so laut werden? Nie kannst du das Kind verstehen."
- „Stopp, mir ist es wichtig, eine Lösung zu finden, ohne zu schreien, kann ich helfen?"
- „Ich übernehme hier einmal, du kannst eine Pause machen oder mit dem Hund rausgehen."
- „Ich helfe euch jetzt, ich bin sicher, wir finden eine Lösung ohne Verletzungen."

Konflikte wertschätzen: „Aus Scheiße Gold machen"

Konflikte sind Situationen, die du dir so nicht gewünscht und erhofft hast, doch Konflikte bieten dir die Chance, zu wachsen und etwas über dich selbst und dein Kind zu lernen.

Wenn du dich das nächste Mal ärgerst, dass du es doch so schön mit deinem Kind haben willst und es trotzdem zu Konflikten kommt, dann probiere doch mal aus, die Chancen zu sehen, die in Konflikten stecken. Weißt du, Easy-Peasy-Harmonie mit Kids, das ist schön und gut; doch im Konflikt bieten sich so viele wertvolle Chancen für echte Beziehung und gemeinsames Lernen.

In meinem Gruppenprogramm „Expedition ins Vertrauen" nennen wir diese Momente gerne „Aus Scheiße Gold machen"-Momente. Erinnere dich an die letzte Situation, in der du aus Scheiße Gold gemacht hast und nimm diesen Mut mit in den nächsten Konflikt.

Einer meiner letzten „Aus Scheiße Gold machen"-Momente war, als wir hier nach einem schönen Wochenendfrühstück mit der ganzen Familie im Wohnzimmer saßen. Wir haben uns unterhalten. Plötzlich wurde ein Kind ziemlich eklig. Es ärgerte die Geschwister und wertete sie ab. Ich versuchte ruhig zu unterstützen und zu vermitteln. Aber es half alles nichts. Irgendwann habe ich die Situation unterbrochen, aufgelöst und bin mit den Geschwisterkindern aus der Situation gegangen. Das wütende Kind ging, knallte Türen zu und schimpfte wieder sehr deutlich in unsere Richtung. Nach einiger Zeit folgte ich ihm in sein Zimmer, und dort konnte es mir erzählen, was los war und weinte bittere Tränen. Ich konnte nichts an der Situation ändern, doch ich konnte da sein und trösten. Dieser Moment, als mein Kind in meinen Armen einfach geweint hat und ich es halten konnte, das war so ein wertvoller Moment. Ein Moment des Vertrauens und der Verbundenheit.

Der Konflikt führte dazu, dass mein Kind seine Gefühle benennen konnte und wir aus „Scheiße" richtig gutes und wertvolles „Gold" machen konnten. In den folgenden Tagen merkte ich meinem Kind an, wie gelöst es war, weil es mit seinem Anliegen, für das es sich vorher geschämt hatte, gesehen und verstanden wurde.

In meinen Beratungen gab es neulich auch so einen eindrücklichen Moment. Die Eltern waren recht verzweifelt: Ihre Drittklässler-Tochter ärgerte mit ihrer Freundin gemeinsam andere Kinder, sehr bewusst und mit Begeisterung. Die Eltern waren hilflos, wütend und bestürzt. Hatten sie es ihm nicht immer anders vorgelebt und vermittelt? Trotz Empörung versuchten sie es mit Verständnis und Erklärungen, und als das nicht funktionierte auch mit Strafen. Doch das alles brachte nichts, es wurde eher schlimmer als besser. Im Zuge unseres Beratungsprozesses ermutigte ich die Eltern, einen Dialog mit ihrer Tochter zu führen, mit dem Ziel, ihre Anliegen und Beweggründe zu erforschen.

Beim gemeinsamen Fußballspielen konnten die Eltern dieses Gespräch führen und die Tochter konnte beschreiben, wie schwer es für sie war und ist, immer die Jüngste und Kleinste in der Klasse zu sein. Wenn sie mit ihrer Freundin andere Kinder ärgert, fühlt sie sich so stark, so verbunden und gar nicht mehr hilflos.

Was für ein Geschenk, das die Eltern in dem Moment von ihrer Tochter bekommen haben: Nach all den (Schul-)Jahren hat sie sich ihnen endlich geöffnet. Sie hat ihren Eltern von ihren Gefühlen und auch ihrem Schmerz erzählt, von dem, was sie wirklich bewegt. Als das wirkliche Thema auf dem Tisch lag, konnten sie gemeinsam Strategien finden, wie die Tochter sich stark, selbstwirksam und verbunden mit ihrer Freundin fühlt, ohne andere zu ärgern.

Also freue auch du dich auf den nächsten „Aus Scheiße Gold machen"-Moment. Sei neugierig und offen, wie der ein oder andere Konflikt eure Beziehung stärkt und tiefer werden lässt.

VOM ZUTRAUEN UND LOSLASSEN

Du hast es in den vielen Fallbeispielen gesehen: Manchmal hilft es, Herausforderungen anzunehmen, Grenzen zu setzen und die Führung zu übernehmen, und manchmal geht es darum, Erwartungen loszulassen, nachzugeben und Möglichkeiten zu bieten.

Vielleicht wünschst du dir von mir ein Rezept, wann das eine oder das andere an der Reihe ist. Das kann und will ich dir nicht geben, denn die Antwort ist so individuell wie menschliche Beziehungen einzigartig sind.

Dein Temperament, das Temperament deines Kindes, die Energie, die dir und deinem Kind zur Verfügung steht, sowie individuelle Prägungen spielen eine Rolle.

In diesem Buch habe ich dir genügend Wissen und Handwerkszeug an die Hand gegeben, und du wirst dein eigenes Gefühl dafür entwickeln, wann es ums Loslassen und Nachgeben geht, und wann um die Führung. Immer geht es um eure individuellen Anliegen und eure Beziehung.

Ich möchte dir an dieser Stelle danken: Danke, dass du mutig bist, danke, dass du dir die Zeit genommen hast, dieses Buch zu lesen, und dass du bereit bist für Veränderungen.

Konflikte mit deinem Kind müssen keine Belastung für eure Beziehung sein, das weißt du jetzt. Und du weißt auch, wie es gelingen kann, dass Konflikte die Beziehung zu deinem Kind stärken. Probiere es aus!

Ja, du wirst Fehler machen und in alte Muster zurückfallen, das ist okay. Denke an die kleinen Schritte, die zu einer nachhaltigen, echten Veränderung führen. Für dein Kind bist du damit ein wichtiges Vorbild. Denn nichts macht Kindern mehr Druck als perfekte Eltern, die in jedem Konflikt besonnen und richtig reagieren.

Fehlbarkeit gehört zu echten und stabilen Beziehungen.

Gut genug, die Grundmelodie im Umgang mit Konflikten ist wichtig, nicht jeder Konflikt muss perfekt gelöst werden. Nimm Konflikte als Wachstums- und Beziehungschancen an. Ich wünsche dir von Herzen Freude am Ausprobieren.

DANKE!

Heute, am 29.12.2023, sitze ich ungläubig und dankbar unter dem Weihnachtsbaum. Auf die Minute genau, vor ziemlich genau 13 Jahren, bin ich Mama geworden, und da ich vorher schon einige Jahre Familien begleitet habe, dachte ich, ich wüsste, wie das geht, dieses Elternding.

Ha, ha, ha, weit gefehlt!

Daher danke ich an aller erster Stelle Ben, Matteo und Frida, dass ich eure Mama sein und mit euch so viel über euch und mich lernen darf. Konflikte, das können wir! Danke, ihr seid großartig, ich liebe euch!

Heute vor 13 Jahre habe ich mein erstes Baby geboren, heute schreibe ich die Danksagung für mein erstes Buch-Baby. Ich danke dem großartigen humboldt Verlag. Vor einem Jahr saß ich ganz unsicher Eis essend an gleicher Stelle und habe ein Exposé geschrieben. Mit euch ist dieses Buch-Baby lebendig geworden und es macht einfach nur einen Riesenspaß. Mark, danke, dass du es mir zugetraut und mit mir mein Buch weiter entwickelt hast! Katja, nach jedem Treffen mit dir machte es noch viel mehr Freude, dieses Buch zu schreiben! So ein Glück, dich dabei an meiner Seite zu haben. Danke, liebe Katharina, es war toll, mit dir als Lektorin den Feinschliff zu machen.

Danke an all die Familien, die ich in den letzten Jahren begleiten durfte. Ein besonderer Dank geht an die Teilnehmenden meines Gruppenprogrammes der „Expedition ins Vertrauen“. Ohne euch wäre dieses Buch niemals möglich gewesen, ohne euch hätte ich nie die Erfahrungen sammeln können, die in diesem Buch zusammenfließen. Danke, liebe Katja, für dein Vertrauen und deine Offenheit im Buchschreibprozess.

Liebe Kathrin, danke, es ist toll, mit dir gemeinsam Buch-Baby-schwanger zu sein! So mancher Tipp von dir hat mir den Allerwertesten gerettet und der Austausch mit dir war immer warm und schön.

Danke, liebe Marei, für deine Freundschaft, die mich durch das Jahr des Buchschreibens und noch so viel mehr begleitet hat!

Danke Arvind, du bist der weltbeste Bruder und mein längster Konfliktpartner, den ich habe! Danke für deinen Support, danke fürs An-mich-glauben und dein wertvolles Feedback. Das hat das Buch ein ganzes Stück besser gemacht.

Danke Anna für dich und dein Feedback zum Buch.

Danke Chris für die warme und kollegiale Unterstützung.

Danke an die vielen Kolleg*innen, mit deren Austausch ich wachse, lerne und genieße. Schön, dass es euch gibt.

Danke liebe „Feuerwehr-Oma".

Danke an meine Ausbilderinnen und Mentorinnen der letzten Jahre: Katia, Lena, und Shirley.

Danke an mich und meinen Mut! Ich und ein Buch, das war viele Jahre gar nicht möglich in meinen Gedanken. Schreiben, mich schriftlich ausdrücken, das war so gar nicht meine Welt, hatte ich zumindest in der Schule gelernt. Lange begleiteten mich diese Gedanken in meinem Leben. Weißt du was: Nicht alles, was man so in der Schule lernt, ist richtig. Heute weiß ich es besser. Ich bin Autorin und hatte große Freude, dieses Buch zu schreiben und bin stolz und dankbar, was hier entstanden ist.

Danke dir, Leser*in, dass du bereit bist, hinzuschauen und hinzufühlen, um zu wachsen und die Konflikte mit deinem Kind zu rocken. Ich bin mir sehr sicher, dass ihr beide davon profitieren werdet.

ANHANG

Literatur

Diese Bücher haben mich in bei meinem Schreibprozess begleitet und direkt oder indirekt beeinflusst:

„Konflikte bewältigen“, Anselm Grün, Kreuz 2013
„Good Inside“, Becky Kennedy, Kösel 2023
„Meine Grenze ist dein Halt“, Nora Imlau, Beltz 2022
„So viel Freude, so viel Wut“, Nora Imlau, Penguin Verlag 2018
„Mein Familienkompass“, Nora Imlau, Ullstein 2022
„Aggression“, Jesper Juul, Fischer Taschenbuch 2013
„Leitwolf sein“, Jesper Juul, Beltz 2016
„Nestwärme, die Flügel verleiht“, Stefanie Stahl, Julia Tomischat, GU 2018
„Die erste Bindung“, Nicole Strüber, Klett-Cotta 2016
„Bindung – eine sichere Basis fürs Leben“, Fabienne Becker-Stoll, Kathrin Beckh, Julia Berkic, Kösel 2018
„Ich liebe dich, so wie du bist“, Fabian Grolimund, Stefanie Ritzler, Herder 2023
„Der Kreis der Sicherheit“, Bert Powell et al., G.P. Probst Verlag 2015
„Aufwachsen in Geborgenheit“, Kent Hoffman Glen, Cooper Bert Powell, Arbor 2019
„Nicht zu streng, nicht zu eng“, Inke Hummel, humboldt 2022
„Gemeinsam durch die Wut“, Kathrin Hohmann, Edition Claus 2021
„Hallo Schulanfang“, Saskia Niechzial, Beltz 2023
„Achtsame Kommunikation mit Kindern“, Daniel Sigel, Bryson Arbor 2013
„Risiko Kindheit“, Nicole Strüber, Klett-Cotta 2019
„Bindungen – das Gefüge psychischer Sicherheit“, Klaus E. Grossmann, Karin Grossmann, Klett-Cotta 2023
„Bindung und seelische Entwicklungswege: Grundlagen, Prävention und klinische Praxis“, Karl Heinz Brisch, Klaus E. Grossmann, Karin Grossmann, Lotte Köhler (Hrsg.), Klett-Cotta 2017
„Konflikte lösen“, Hergen Sasse, Herder 2023
„Alle_Zeit“, Theresa Bücker, Ullstein 2022
„New Moms for Rebell Girls“, Susanne Mierau, Beltz 2022

Bücher zum Weiterlesen

„Bindung ohne Burnout“, Nora Imlau, Beltz 2024
„Mein wunderbares schüchternes Kind“, Inke Hummel, humboldt 2021
„Mein wunderbares wildes Kind“, Inke Hummel, humboldt 2021
„Ich sehe, was du brauchst“, Kathrin Hohmann, Herder 2024
„Kinderleicht ins Gespräch kommen“, Michèle Liussi, humboldt 2023
„Mit meinem Sohn durch die Kita-Zeit“, Dirk Fiebelkorn, humboldt 2023
„Täglich grüßt das Schuldgefühl“, Michèle Liussi, Katharina Spangler, humboldt 2022
„Das gewünschteste Wunschkind aller Zeiten treibt mich in den Wahnsinn“, Danielle Graf, Katja Seide, Beltz 2016 und 2018
„Kinder liebevoll stärken“, Barbara Weber-Eisenmann, humboldt 2023
„Eltern sein als Weg“, Christopher End, Edition Claus 2023
„Begleiten statt verbieten“, Anika Osthoff, Leonie Lutzvo, Kösel 2022
„Verstehen nicht bestrafen“, Julia Scharnowski, humboldt 2023
„Einatmen, ausatmen, Mutter sein“, Julia Scharnowski, humboldt 2022
„Was unsere Kinder brauchen“, Katja Saalfrank, GU 2016
„Verletzlichkeit macht stark“, Brene Brown, Goldmann 2017
„Entdecke deine innere Stärke“, Brene Brown, Kailash 2019
„Familie am Tisch. Für ein neues Miteinander – beim Essen und darüber hinaus“, Christine Ordnung und Georg Cadeggianini, Kösel, 2023

Podcasts zum Weiterhören

„Wurzeln und Flügel, der Podcast für Eltern rund um die Grundschulzeit“ von Kiran Deuretzbacher
„Elterngedöns“ von Christopher End
„Praktisch Pädagogisch“ von Dirk Fiebelkorn und Jens Eichert
„Das gewünschteste Wunschkind aller Zeiten“ von Katja Seide und Danielle Graf
„Ich eskaliere gleich“ von Raphael Kirsch
„Eltern in Balance“ von Hanna Drechsler
„Schrecklich nett – Eltern vs. Erziehung“ von Ruth Abraham

Bibliografische Information der Deutschen Nationalbibliothek
Die Deutsche Nationalbibliothek verzeichnet diese Publikation in der deutschen Nationalbibliografie; detaillierte bibliografische Daten sind im Internet über https://dnb.de abrufbar.

ISBN 978-3-8426-1744-5 (Print)
ISBN 978-3-8426-1745-2 (PDF)
ISBN 978-3-8426-1746-9 (EPUB)

Originalausgabe

Die Ratgebermarke der Schlütersche Fachmedien GmbH
Hans-Böckler-Allee 7, 30173 Hannover
www.humboldt.de
www.schluetersche.de

Lektorat: Katharina Spangler, Neumarkt i.d.OPf.
Covergestaltung: ZERO, München
Covermotiv: Shutterstock / Orfeev, OneyWhyStudio, JOJOSTUDIO, LightField Studios
Foto Umschlagrückseite: © Sam Green
Satz und Grafiken: PER MEDIEN & MARKETING GmbH, Braunschweig
Druck und Bindung: gutenberg beuys feindruckerei GmbH, Langenhagen